DISCRIMINAÇÃO

O QUE MICHEL FOUCAULT NÃO DISSE SOBRE "RACISMO"

alejandro colanzi zeballos

Colanzi Zeballos, Alejandro
DISCRIMINAÇÃO
O que Michel Foucault não disse sobre "racismo".
1ª edição em português: US, Kdp Print US, 2021.
1ª edição em inglês: US, Kdp Print US, 2021.
1ª edição em francês: US, Kdp Print US, 2021.
1ª edição em italiano: US, Kdp Print US, 2021.
1ª edição em espanhol: US, Kdp Print US, 2021.
180 p.; 23 x 15 cm (Lei, Criminologia, Racismo, Discriminação, Educação)
ISBN-13: 979-8501703681

Tradutor: Victor Sauler Portal
Correção (texto): Mary Ch. Cano
Correção (imagem): Mary Ch. Cano
Diagramação: Carlos Lorenzo
Desenho da capa: Francisco García
Imagem da capa: Manipulação de Jan Rye
ISBN-10: 8501703681
ISBN-13: 979-8501703681
Impresso nos EUA - Print in US

Este livro foi escrito originalmente em espanhol. Em caso de dúvida, consulte a versão original em espanhol.

Não deixemos que ninguém nos impeça de estender a mão por um ato correto e solidário, pois só ajudar, independente do tamanho ou da quantidade, já mostra o quanto somos pessoas excepcionais.

Cujas palavras descrevem o autor deste livro, Alejandro Colanzi, uma boa pessoa, um bom amigo, um bom autor.

Marcial Villarroel Siles

DEDICAÇÃO:

A

VALENTINA

Porque a sua chegada

engravidou-nos de esperança.

Bem vindo a vida

O Nonnino

CONTEÚDO

A constante procura de Alejandro Colanzi por quem ele era e pelo que era, levou-o, como um bom explorador (um escuteiro desde criança) a tentar descobrir o que não queria, e a chegar ao que ele queria.

Aos 15 anos de idade, ele foi ao quartel para ver se a vida militar (uma alternativa à vida religiosa e à lei maristas) era o caminho que queria, e apenas um acontecimento o fez descartar: a subjugação de um antigo oficial superior (classe) que foi humilhado por um jovem tenente (oficial). Alguns meses mais tarde, também abandonou a vida religiosa e permaneceu, aos 16 anos, com a decisão de estudar Direito (o mais próximo do humanista e social que havia na sua cidade natal). Embora, no final do seu curso, frustrado e determinado a abandonar esse caminho, deparou-se com alguns livros com outras visões criminológicas e ... Eureka!.... pouco tempo depois fazia o seu primeiro mestrado... em CRIMINOLOGIA e Direito Penal, e já com dois livros publicados (Delincuencia privilegiada; e, GRANJA DE ESPEJOS: ¿aberración jurídica o lucha de clases?), já como membro da Sociedad Boliviana de Cs. Penales, sendo o mais novo e o único de Santa Cruz até esse momento.

Durante o mestrado (que foi concedido pela OEA) Alejandro Colanzi produziu vários ensaios, que apresentou em fóruns académicos internacionais e que foram publicados em revistas especializadas (Nullum crimen...-Bolivia-, Criminalia -Mexico-, Ediciones jurídicas -Lima-, Revista del Colegio de abogados penalistas del Valle -Colômbia-) que também compilou no seu terceiro livro (Reflexiones Penales y Criminológicas), para além da sua tese de mestrado publicada sob o título "Búsqueda criminológica" (que foi o seu quarto livro).

No seu regresso ao seu país, propôs enfrentar o que tinha investigado e publicado nos seus dois primeiros livros, sobre a realidade dos chamados "Centros de Reabilitação", produto de disposições administrativas policiais, que eram verdadeiros centros de sofrimento e morte. Na qual, convencendo mouros e cristãos, conduziu uma cruzada nacional e internacional chamada "...para que NUNCA VOLTE! Isso chocou o mundo ao descobrir um cemitério que traiu a barbárie; isso também implicou uma importante reforma legal, e que fez o seu nome aparecer como inimigo nº 1 da Polícia boliviana (no discurso oficial do comandante na altura). Porque, o facto de terem invadido a casa da sua mãe, à procura de drogas, apenas para o intimidar; claro que também implicou um reconhecimento por parte do Parlamento e que distinguiu Alejandro Colanzi, como "jovem excepcional do mundo" (em Helsínquia) pela JUNIOR CHAMBER INTERNATIONAL. Ele deixou no fundo do seu ser, a ideia de que este tinha sido um dos seus dois legados mais importantes como SER SOCIAL.

Mais tarde, Alejandro foi o primeiro Decano de Direito da Universidade Privada de Santa Cruz - UPSA; assim como, tendo sido completamente um homem público, o que o fez passar o limite confuso para a vida política e a distância da criminologia.

Neste mundo da vida política foi Governador e Deputado Nacional (em 2 ocasiões), no qual republicou uma obra "Construyendo Bolívia: uma contribuição da criminologia" (que foi o seu 5º livro). Também obteve o seu outro mestrado, já em direito constitucional (com a tese - também convertida no seu 6º livro: "UAGRM: voto discriminador vs voto igualitario"). Para além deste título académico, apenas justifica a sua passagem através dele, por ter escrito artigos do actual CPE, e que, como oposição, conseguiram reformular (numa mesa de negociação de apenas 3, onde Alejandro era um deles) num terço do texto que se pretendia impor. Sendo esta a sua faceta como deputado nacional constituinte e o seu segundo legado como SER SOCIAL.

Os outros dois legados humanos de Alejandro Colanzi são os seus filhos.

A distância da vida política levou-o a reencontrar a criminologia, com profundo conteúdo social e dentro dela, sendo o criador da Academia Boliviana de Ciências Criminológicas, e obviamente, a regressar à produção literária (com Derrumban-do murallas: hacia un manejo comunitario de las penitenciarias - que foi o seu sétimo livro

- também publicado na Revista de Buenos Aires "Derecho Penal y Criminología"). Além de escrever na Revista OIKOS Polis o artigo científico intitulado "De la belleza griega discriminadora al criminoso nato de Lombroso: el racismo eurocéntrico" (Da beleza grega discriminadora ao criminoso nascido de Lombroso: o racismo eurocêntrico), mais o presente livro.

O meu primeiro encontro com Cesar Lombroso teve lugar em 1977, numa aula de Criminologia, enquanto estudava Direito na UAGRM (Bolívia). Um primeiro encontro impressionável e traumático devido à embalagem psicológica dos sentimentos de culpa de um jovem de 18 anos relacionados com a sexualidade e pensamentos não "apropriados" para alguém que foi educado num lar católico e numa escola.

Enquanto o professor descrevia o criminoso nato, eu estava imerso no meu lugar como um estudante tentando tornar-me invisível do resto; quando toquei com os dedos da minha mão cada parte do que foi descrito, evidenciando o que estava a ouvir: arcos superciliares proeminentes (Cajías, 1997, p. 59), enormes mandíbulas. 59), enormes mandíbulas... visão extremamente aguçada,... uma depressão - na cabeça - característica dos nossos antepassados primitivos... (Gómez Grillo, 1979, pp. 106-107), instabilidade afectiva (García P. , 1996, p. 110) e abundante pilosidade. Seria um reflexo de todas essas "posições científicas"? Explicou os meus conflitos internos enquanto adolescente em transição para a juventude? E, obviamente, não pude partilhar essa explicação.

O meu segundo encontro - já intelectual - teve lugar entre 1986 e 1988, enquanto eu estava a fazer o II Mestrado

Latino Americano em Criminologia e Ciências Criminais na Universidade de Zulia-Venezuela, com uma abordagem eminentemente académica e de uma visão crítica que prevaleceu nesse curso de pós-graduação. Lá Lombroso é abordado caracterizando-o como um "racista", baseando esta posição no estudo de Augusto Comte e no seu desenvolvimento de pensamento positivo, mas também na concepção evolutiva de Charles Darwin. Estas explicações, para o então professor, já traumatizado na procura de respostas pessoais maiores e mais profundas, não eram suficientes e não havia outras explicações.

O assunto permaneceu no meu subconsciente enquanto na minha vida profissional as minhas perguntas surgiram em relação ao problema que continua a ser estudado e reproduzido; e, nas universidades, afirmando que se trata de uma parte substancial do "problema humano".

Leitura e releitura de textos ou manuais criminológicos e um encontro casual numa livraria no aeroporto de Roma, em 2009, com o livro de Eco (Eco, História da fealdade, 2007), cujo título original (Storia della bruttezza) me fez reflectir sobre a categoria "bruttezza", lembrando-me de outra categoria como "beleza", que Eco também trata na sua "História da Beleza" (Eco, History of Beauty, 2007), o que me levou a trazer à tona a condição até então invisível de fealdade como sinónimo de atavismo ou criminoso nato: eureka! . E, foi esta categoria que me motivou para uma pesquisa mais obsessiva. Se de um ponto de vista crítico - criminologicamente- Lombroso foi definido como racista e, agora, com a "descoberta" da criminalização do feio, isso levou-me a abandonar o campo eminentemente criminológico.

É assim que chego ao MESTRE Michel Foucault (Foucault), para quem, na sua "GENEALOGIA DO RACISMO", tudo começa (Foucault, p. 55) desde a disputa ou guerra das "raças" europeias (1630): a busca das suas origens; a partir daí, voltar-se-á para o biológico (anatómico-fisiológico ou histórico-biológico), reconhecendo esta volta dos irmãos Augustine e Amedée Thierry (Foucault, p. 56), desde o início do século XX, até ao início do século XX (Foucault, p. 56), desde o início do século XX (Foucault, p. 56). 56), desde o início do século XIX, ignorando as contribuições de Bernier (1684), Linnaeus (1735), Buffon (1778), que já iniciou esta relação e classificação das cores de pele com a biológica, quando a colonialidade já estava em pleno exercício há mais de um século e meio; obviamente, o MESTRE Foucault enriquece e contribui enormemente para esta nossa "busca", embora ainda haja muito a dizer. Acontece o mesmo com Claude Lévi-Strauss (Lévi-Strauss, 2012, p. 39) que argumenta que a história reconhece Joseph Artur de Gobineau (século XIX) como o pai das teorias da teologia (Lévi-Strauss, 2012, p. 39). XIX) como o pai das teorias discriminatórias, embora ele o indique como para quem a "tara" se encontra na miscigenação: degeneração "racial"

(Lévi-Strauss, 2012, p. 40); nesta mesma abordagem vemos Pokrovski (Pokrovski, pp. 287-288) e Michel Wieviorka (Wieviorka, 1992, p. 29).

A pesquisa continua, embora agora com elementos de pesquisa muito importantes, e por isso continuei a aprofundar os elementos biológicos que geraram a discriminação. Já tínhamos BELEZA e BRUTEZZA ou feiúra como categorias de encomenda na nossa investigação.

Como escoteiro (Boy Scout) fiquei interessado nas relações da beleza com a procriação, também - e principalmente - com as divindades em geral e com as divindades transformadas em humanos; e, é aqui que o início se torna notório e começa a ser visualizado. Quando esta conceptualização da beleza, fez a humanidade para além dos deuses feitos homens ou mulheres (deuses que descem à terra ou filhos de deuses procriados com humanos), rompe este limite divino e é possível ao simples humano por nascimento e perfeição alcançar este estado, é quando a discriminação daqueles que, por nascimento e/ou perfeição, não o alcançam, começa em contraste. Claro que, desde este início, está intimamente ligada a uma abordagem tetraléctica: a abordagem religiosa (boa-mal), cultural (bela-agradável), económica (materialidade) e política (uso do poder); uma abordagem que só é possível alcançar sob a visão da COMPLEXIDADE (holística, dialéctica e sistémica) e a partir da teoria dos processos conscientes.

E estará nesta complexidade e abordagem tetraléctica, na sua dinâmica e longa metamorfose, que foi desenvolvida na presente investigação, que é complementada com a do MESTRE Michel Foucault; embora, em grande parte, o mestre NÃO DISSE.

Esta mesma complexidade tetraléctica, já com o resultado da referida metamorfose, é a que transfiro para a nossa Indo-Hispânica-Afro-América, procurando as situações discriminatórias e os mecanismos de assemblage com o que veio da mão da colonialidade; e, obviamente, tentando aterrar na nossa Bolívia.

A busca que começou com uma crise existencial, transformou-se numa investigação da concepção da vida; e, é que esta, em qualquer das suas dimensões, é gerada num processo não por geração espontânea. Isto também ocorre no trabalho psico-sócio-político diário do ser humano, intimamente ligado à dignidade e à cultura.

O respeito pela DIGNIDADE dos povos é o produto de um longo processo histórico que consegue um salto qualitativo com o advento do Estado Moderno; e, é isto, pelas suas próprias contradições produz outro nível qualitativo com o Estado de Direito social e democrático, também conhecido como constitucionalismo social, no qual se entende, com uma expansão quantitativa dos direitos protegidos, como foi dado na Constituição Política do Estado (CPE) da Bolívia, promulgada a 07/02/2009.

Garantir a "...igual dignidade das pessoas..." está entre os "propósitos e funções" do Estado boliviano, no referido CPE, e para este fim, entre outros, COMPROMETE-SE a iniciar um processo de "descolonização". Indica também, no preâmbulo, que as diferenças "raciais" chegaram com o processo de colonização, tornando-se o único adjectivo qualificado neste corpo constitucional.

Enfrentar a Lei, particularmente a Criminologia (a partir dela a criminalização é traduzida), no segmento académico, é uma tarefa e um mandato. E, procurar fornecer instrumentos que contribuam para a abordagem de um novo modelo teórico para caracterizar a discriminação pela cor da pele, com base numa concepção complexa, que se torna um instrumento essencial para a sua superação, é um compromisso do ser social: o reconhecimento implícito do OUTRO.

ALEJANDRO COLANZI ZEBALLOS

Ele é boliviano. Advogado. Com um mestrado em "Ciências Criminais e Criminologia", para além de outro mestrado em "Direitos e Garantias Constitucionais". É professor universitário de Criminologia. Ele mora principalmente em Santa Cruz de la Sierra, Bolívia.

O objetivo fundamental que se busca com o conteúdo deste livro sobre criminologia e discriminação é fornecer orientações fáceis de digerir sobre um assunto áspero e polêmico sob qualquer aspecto considerado.

O autor do livro, busca contribuir de forma ágil para a informação e conscientização, sobre os direitos e abusos atuais ou ocultos. Isso ele realiza através de uma introdução genérica e quase histórica, para então proceder com cautela e precisão na definição dos aspectos jurídicos da discriminação.

Um material literário complexo em temática, mas com uma linguagem simples e até suave, que é amplamente voltado para qualquer pessoa interessada em ganhar consciência sobre direitos e desigualdades.

DISCRIMINAÇÃO

O que Michel Foucault não disse sobre "Racismo"

DESENVOLVIMENTO TEMÁTICO

DISCRIMINAÇÃO

O que Michel Foucault não disse sobre "Racismo"

CAPÍTULO 1
SITUAÇÃO OBJETIVA ESPECÍFICA, IMEDIATA, DE SUPERFÍCIE FENOMÊNICA: A CATEGORIA "RAÇA"

I.1 SITUAÇÃO OBJETIVA ESPECÍFICA, IMEDIATA, SUPERFÍCIE, FÉ-NOMÊNICA: A CATEGORIA "RAÇA"

I.1.1 A EXPERIÊNCIA NA AMÉRICA INDO-AFRO-LATINA

Foi permitido, através de legislação, perder a imutabilidade do sinal, violando assim as línguas como herança social que um indivíduo adquire inconscientemente no seu processo de socialização. Esta convenção social tacitamente alterada por inovações linguísticas, através de neologismos, não aceites pela comunidade e impostas através de normas, gerou "uma renovação linguística", que deve ser sujeita a ser um produto social que nasce de factores históricos, políticos, sociais, culturais, etc., gerou um imaginário que não só afecta as normas, mas também a aplicação da justiça.

Prova disso é que em diferentes países, como o Chile: (Informe Especia de TV de Chile), Culiacan-Mexico (Psicólogos, 2015), também no México (UNAM relações humanas) entre outras cidades da nossa América Indo-Afro-Latina foi feita, no início desta década, uma experiência com raparigas e rapazes que foram escolhidos com rigorosos protocolos de sondagem, em devida proporcionalidade socioeconómica, cultural e "racial". A experiência foi uma réplica do chamado TESTE DA BONECA, elaborado na década de 1930 por Kenneth e Mamie Clark nos EUA.

A experiência consistiu em sentar a rapariga ou o rapaz numa pequena mesa em que havia bonecos caracterizados pela sua cor: um preto e o outro branco. Primeiro, perguntaram-lhes sobre as suas preferências: BELO OU FEIO; depois, sobre juízos de valor (quem é BOM e quem é MAU, se há um roubo de um chocolate, quem pensa que o fez, entre outras questões semelhantes).

Os resultados foram alarmantes. Quase todos os juízos de valor expressos como o MAU ou LADRÃO identificando a boneca PRETO, bem como relacionando a FEIO com a boneca PRETO. E estes julgamentos também foram feitos por crianças que não eram necessariamente 'brancas'.

Neste mesmo contexto, o protagonismo do Presidente Trump e das lideranças políticas europeias torna-se visível (Algarañaz, 2018) com visões claras semelhantes às que emanam da experiência acima referida; foi assim que se verificaram casos como o intitulado "Sois mexica-nos, violadores e animais" (RT, 2018), ou aquela anedota da rapariga que pinta o seu rosto de branco para "não saberem que são mexicanos" (Luiselli, 2018).

E a "beleza" aguça esta realidade porque a sua contradição ou o contrário, a "fealdade" está relacionada com a maldade. A "beleza" tornou-se uma moeda "...semelhante ao padrão de ouro..." (Lobo, p. 15)

O Banco Mundial (Banco Mundial, 2018) observa que 1 em cada 4 latino-americanos identificam-se como afro-descendentes; e que aqueles 25% dos afro-descendentes têm 2,5 vezes mais probabilidades de viver na pobreza crónica e com menos oportunidades de acesso à educação, saúde e serviços básicos; e, consequentemente, estão mais expostos ao crime e à violência.

I.2 A SITUAÇÃO NA BOLÍVIA

Entre 2010 e Janeiro de 2018, foram registadas 1.394 queixas oficiais de racismo e discriminação (Comité Nacional contra o Racismo e Todas as Formas de Discriminação, 2019). É muito comum ver, através dos meios de comunicação social, como os adjectivos "racistas" se misturam com os da "classe social" e também dos "regionalismos", dos quais nem sequer o então vice-presidente é salvo de os reproduzir quando chama "K'aras", numa das línguas indígenas, para se referir ao "branco", nessa simbiose de "classe e raça". Constituiu também notícia internacional o acto de discriminação pela cor da pele num campo de futebol profissional na Bolívia, contra o jogador Serginho (EJU news, 2018).

I.2.1 FIGURAS PRETAS

As reclamações ou números acima referidos, que são oficiais da Direcção-Geral de Luta contra o Racismo (DGLR), obrigam-nos a uma análise para além dos números. Se das 1.394 RECLAMAÇÕES, apenas TRÊS concluíram com sentença (Aguilar, 2018) ou foram resolvidas, isso implica que 0,21% serão categorizados como atos de DIFERENÇA DE PELE legal, jurisdicionalmente falando; ou, por outras palavras, foram declarados judicialmente, já não PRESUMIDAMENTE.

O positivismo criminológico, que é tratado a partir de estatísticas, concluiria que, dos 11 milhões de mulheres e homens bolivianos, no período registado pela DGLR, apenas 0,012% da população foi DENOUNCEDIDA por actos de discriminação da pele. E isto distorce obvia-mente a situação existente e contradiz a experiência re-ferida no ponto I.1.1.

Então, como explicar a contradição acima referida? Para tanto, deve-se recorrer ao que se denominou "A figura negra, numerus obscurus ou crime oculto" (Aniyar, 1977, p. 80) (Pinatel, 1974) (Reyes, 1987, p. 20) classificando em LEGAL (com sentença), APPARENT (denunciado, incluindo arguidos) e REAL (a quantidade de discriminação por RAÇÃO DA PELE num determinado momento) e identificando as várias razões pelas quais estes números REAL são tão grandes: 1) não recorrer à denúncia; 2) ter

8

recorrido, não persistir na denúncia; e, 3) como funciona o sistema penal. Vejamos as três variáveis:

I.2.1.1 Não pode recorrer à reclamação por: não estar consciente ou informada de que a agressão recebida constitui uma violação da sua dignidade e, portanto, um crime contra ela (Aniyar, 1977, p. 83); não gerar maiores conflitos devido a receios (do vitimizador e/ou do ambiente; de perder a estabilidade laboral, emocional, etc.); devido à desconfiança no sistema policial (Aniyar, 1977, p. 83), procuradores e juízes; ou porque implica uma despesa cujo luxo ela não pode suportar.

I.2.1.2 Tendo apresentado a queixa, não continuam porque: o perpetrador não aparece; não têm recursos para apoiar as investigações policiais; as ameaças são muito fortes e desistem ou cedem; porque os preconceitos dos investigadores (procuradores e polícia) inviabilizam-no; devido à passagem do tempo, na acção jurisdicional lenta, ficam cansados e desistem, etc.

I.2.1.3 A morosidade do sistema penal boliviano, que o torna uma das mais altas percentagens na América Latina em termos de atraso da justiça (Hoybolivia, 2018)(Salinas, 2006, pág. 69 e sgtes) (Carranza & outros, 1983) (Governo, 2005) (Diodato, 2003) (El Deber, 2017) e dos detidos sem condenação (Colanzi A. , 2018, pp. 11 - 12) (Carranza, justiça penal e superlotação prisional.., 2001) (Lorenzo, 2004) (FIDES, 2017), ao qual se acrescenta a também

9

histórica distorção de tipo económico que se traduz em Defesa Pública (não há recursos para advogados) e Procuradores juntamente com a Polícia que dirige a investigação e/ou acusação, todos tornam possível que através das suas REDES apenas passem os "pequenos" e não aqueles que contratam equipas de advogados; além disso, na América Indo-Afro-Latina, o sistema judicial está sujeito a caudilismo político que o enfraquece.

Neste contexto, a quantificação estatística (Gutierrez, 1972, p. 142) pode ser secundária devido à sua relatividade aguda (Kaiser, 1978, pp. 138, 142) e a sua validade não pode ser garantida (Resumil, 1995, p. 83); portanto, a análise qualitativa e bibliográfica do problema da discriminação cutânea, na perspectiva da DECOLONIZAÇÃO, é a que é assumida nesta investigação.

DISCRIMINAÇÃO

O que Michel Foucault não disse sobre "Racismo"

CAPÍTULO 2
PROCESSO CRIMINOLÓGICO REALIZADO PARA
DISCRIMINAÇÃO PELA COR DA PELE

PROCESSO CRIMINOLÓGICO REALIZADO PARA DISCRIMINAÇÃO PELA COR DA PELE

No presente capítulo pretendemos abordar o que é considerado uma longa construção, não no sentido estrito que tal categoria exige - ou seja, planeamento prévio - mas sim das realidades ou materialidades (necessidades, para alguns) relacionadas com a economia, situação geográfica e gestão ou desenvolvimento do poder, traduzindo tudo isto em linguagem, valores e disposições normativas (morais, éticas, religiosas e legais). A procura de factores comuns que lançaram as bases da discriminação que levam ao que hoje é conhecido como "racismo", levando a uma procura de marcos nos diferentes tempos e lugares onde o ser social que é chamado humanidade se desenvolveu.

II.1 INTRODUÇÃO

O artigo 9º da Constituição Política do Estado (CPE) indica os OBJETIVOS E FUNÇÕES do Estado, que em seu inciso 1) determina, entre outros, o "Construir uma sociedade ... fundada na descolonização ...", e garantir, nos termos dos pontos 2) "... igual dignidade das pessoas...", que é assumida pelo mesmo órgão jurídico supremo como VALOR (inciso II do art. 8º, sempre do CPE). Está na Lei 045 de 10/08/10, em seus incisos b), c) ed) onde se referem à categoria RACE que, embora admita que foi "socialmente construída" (inciso d), a reproduz como tais, na mesma linha da "Convenção Internacional das Nações Unidas para a Eliminação de Todas as Formas de Discriminação Racial". A diferença entre o CPE e os outros organismos legais mencionados é que o primeiro não reproduz a categoria de raça (excepto no PREAMBLE) mas apenas se refere a ela como diferente "... cor da pele".

II.1.1 LINGUAGEM E SEMIÓTICA NA LEI

A linguagem, como sistema complexo de significados, é uma configuração semiótica, aquilo a que Jean Piaget chamou a função simbólica (Piaget, 1991, p. 111 e seguintes), sendo acima de tudo um instrumento utilizado pelo ser humano para interpretar a realidade objectiva, psíquica e social.

A língua espanhola tem recebido uma série de neologismos, entre os quais a categoria "raça".

A palavra no Direito, como elemento essencial da linguagem, fragmento funcional de uma expressão, é fundamental, pois como sinal linguístico (significante - significificificado), gera imagens (imaginárias), que podem ser as suas próprias realidades ou as de outras pessoas.

Sendo que os seres humanos são dotados da faculdade de se compreenderem mutuamente através da linguagem, que lhes permite criar, adquirir, aprender e utilizar códigos constituídos por sinais, uma palavra que não reflecte o ancestral original que faz a sua cultura, legisla, viola a sua etimologia, enredando e perturbando a sociedade, gerando imaginário para além do que era a realidade histórica ("Assim formamos os nossos povos, e nunca compreendemos o racismo até o termos sofrido desde os tempos desastrosos da colónia", como detalhado no Preâmbulo do CPE), como o contexto actual, institucionalizando estratificações sociais que em vez de deixarem avançar e desenvolver as originais, rompem com estas, gerando diferenças reais baseadas na cor da pele e nas diferentes tonalidades da mesma.

II.1.2 LEI COMO SINAIS QUE CONFRONTAM AS RELAÇÕES SOCIAIS

O processo do sinal estabelece as relações sociais e comunicativas, bem como as simbólicas ou representativas (sinal - referencial); o significado, esta tridimensionalidade quando configurado na mente do sujeito como uma estrutura e processo, influencia atitudes, valores, emoções, conotações sócio-afectivas e culturais, etc.

Sob estes parâmetros, sabe-se que a "discriminação", que embora não seja uma palavra própria, tanto na língua castelhana como nas línguas nativas, se constitui num tratamento desigual por diferentes razões, um sinal que representou na mente daqueles que habitaram este território desde tempos imemoriais, uma forma de representar, interpretar e desvendar o que ele é, interpretando e desvendando o que distinguia os estratos

15

sociais, que já era um conflito, legislando para tentar evitá-lo, e que migra para uma representação mental que gera ódio (discriminação), dando um salto no significado do intérprete, que pela sua simples evocação já gera ressentimento. Viola o próprio conceito de Direito, como parte da linguagem integrada por um conjunto de regras que impõem deveres e conferem poderes, que estabelecem as bases da convivência social e cujo objectivo é proporcionar a todos os membros da sociedade o mínimo de segurança, certeza, igualdade, liberdade e justiça.

II.1.3 UNESCO E A REPRODUÇÃO DA CATEGORIA "RAÇA"

Para Piaget, a linguagem "...não é mais do que uma forma particular da função simbólica, e uma vez que o símbolo individual é mais simples do que o sinal colectivo, há que concluir que o pensamento precede a linguagem..." (Piaget, 1991, p. 115). (Piaget, 1991, p. 115), portanto, "...a função simbólica é decisiva na encenação e interiorização da acção, no afastamento da realidade... símbolos, sinais e indicações; tudo de formas diferentes, contribuem para a construção da realidade...". (Cardenas, 2011, p. 74). Assim, na cultura dicotómica (construção), quando o mal é apontado, é aceite que existe mas deve ser evitado: "mencionar" implica reconhecer. "O intelecto humano avança do sensorimotor para o conceptual lógico na constituição das estruturas mentais..." (Cardenas, 2011, p. 75).

A Assembleia Geral da ONU. UU pela resolução 2106 de 21 de Dezembro de 1965, inclui substantivos nessa resolução: trinta vezes a "raça" e dez vezes a de "raça". A Lei 045 de 08/10/2010 "Lei contra o racismo e todas as formas de discriminação", inclui estes substantivos nos seguintes montantes: 56 "racismo", 10 "racial" e 4 "raça"; e, o Decreto Regulamentar 0762 de 05/01/2011 incorpora os seguintes montantes: 26 de "racismo", 3 de raciais e 2 de raça.

II.2 A BELEZA E A CONSTRUÇÃO DE SEU ANÔNIMO: FEIO

II.2.1 ANTECEDENTES

Os poucos antecedentes até agora encontrados, mostram uma "beleza" ligada à materialidade existente: maternidade=reprodução. O VENUS de Willendorf (imagem 1) (EcuRed, 2018) é o espécime que permite a leitura dessa forma. Por uma vida muito curta que dependia da caça com muitos limites para a enfrentar, e os inexistentes cuidados de saúde e saneamento, configuram essa materialidade, razão pela qual,

a esperança se concentrava na reprodução e com ela a percepção de BELEZA, mas sem excluir ou discriminar. (imagem 1) Vênus de Willendorf

II.2.1.1 SUMERIANS

A primeira cultura sedentária e agrícola (Pokrovski, 1966) tem antecedentes das diferenças, mas em relação à pertença dessa cultura e à sua ligação aos bens materiais, de que os escravos não usufruíam (Raúl E. Condarco et al., 2018).

A sua referência ao belo foi associada a "...do bem". É belo e também é bom, aquilo que é agradável e alegre...prazer...e vida...pretendido pela classe dominante". (Ferrada Sullivan, 2009). "A beleza...não era natural...mas sim o resultado do trabalho. Trabalho digno..." e isto "...foi bom, pletórico, vital...agradável aos sentidos...foi o fruto do trabalho". (BOLETO T8, 2009).

Esta cultura que se estabeleceu entre os rios Tigre e Eufrates, na Mesopotâmia (Pokrovski, 1966, pp. 31, 32), surgiu aproximadamente 6.000 anos antes de Cristo e foi caracterizada pela pluralidade de deuses (politeístas) em que eles acreditavam, embora não os concebessem como decisores nas acções dos humanos (Raul E. Condarco et al., 2018, p. 323): se um novo rei acedeu ao poder foi porque desfrutou da bênção dos deuses, por outro lado o rei caído, tinha deixado de ter a sua graça.

II.2.1.2 EGÍPCIOS E SEU DIVINO CONCEITO DE BELEZA

Na cultura egípcia encontramos que o conceito de beleza está intimamente relacionado com a divindade, uma vez que o faraó foi a encarnação do deus Osíris. Da decisão divina de se tornar humano, a sucessão hereditária do poder é também institucionalizada: deus terreno, grande deus, filho do sol, descendente dos deuses, imortal porque só desaparece no seu horizonte eterno (Pokrovski, 1966, p. 27). Será esta abordagem divina que estará  relacionada com a beleza, daí os rostos pintados ou perucas, etc.; ou, com a finura estilizada do corpo (imagem 2).

A harmonia do corpo humano, em não escravos, foi valorizada e por isso as medidas necessárias são estabelecidas, a de "...18 punhos: 2 para o rosto, 10 dos ombros aos joelhos e os 6 restantes para as pernas e pés" (Malla, 2011); embora após alguns séculos, foi modificada pelos 21 punhos (Blanco Freijeiro, 1989). Não há registo das pessoas que não cumpriram esta medida.

Foi uma sociedade estratificada em relação ao poder político-divino e à economia que emergiu aproximadamente no quarto milénio a.C. Esta estratificação, vestida com valores divinos, porque eram "necessários", estava relacionada com o bom=superior e o mau=inferior (Pokrovski, p. 28).

Há provas do seu aparecimento desde o 4º milénio a.C. (Pokrovski, p. 27). Foi a primeira cultura "...a estabelecer a religião como instituição dominante..." (Rivero Grimaldo, p. 27). (Rivero Grimaldo); e, dentro desta cultura houve tentativas de se tornar mono-teísta, como Akhenaten, que "pulverizou um mundo de 2000 deuses..." (H history, 2018) na sua tentativa.

É nesta cultura que as cores BRANCO E PRETO (Jacq, 2000) começam a ter cargas valorativas; assim consideradas como inocência, pureza, brilho, etc. (Vela, p. 241), ou luto, escuridão, corrupção, impureza, maldade, morte, dor, etc. (Candle, p. 242), respectivamente.

II.2.1.3 ÍNDIA

Cultura também agrária que aparece no terceiro milénio, aproximadamente (Pokrovski, p. 34), antes de Cristo. Enfrenta a rigidez da sua estratificação socioeconómica da reencarnação; os brâmanes ou nascidos duas vezes, tornaram-se o senhor das castas, que são imutáveis e hereditárias, só ultrapassadas com uma segunda vida. Toda esta estrutura é mais tarde incorporada no Código Manu.

Será a casta das castas, aquela chamada a monopolizar a simbiose da Teologia e do Poder: a beleza. "O estado de prazer... pode ser comparado à contemplação estética de Brahman... é a sensação da graça divina" (Riviere, p. 73). Este mesmo autor mostra que "...cada forma possui uma qualidade especial, a luz, a ruci, que é a radiação da beleza...". (Riviere, p. 66) e isto não é humano, é divino, portanto, quem "...prefere o que mais ama (presas) ao que é mais belo (sheyas) é um pecador (hiyate arthat); é de notar que sheyas é...o mais esplêndido e o mais santo...". (Riviere, p. 70). E, além disso, "o sentido de proporção...são a base da estética hindu" (Riviere, p. 75).

Não há tradução no corpo relacionada com a beleza, mas como expressão externa dessa simbiose divino-terrestre, manifestada nas pinturas sobre o corpo até à data, pode ser evidenciado um padrão menos físico relacionado com a beleza.

O simbolismo das cores: branco relacionado com paz e pureza (The Colors of India, 2013); e, preto ligado ao Nada ou ao vazio, é usado para afastar os maus olhos (The Colors of India, 2013). Repetem-se, fracamente, com os do Egipto.

II.2.1.4 CHINA

O surgimento da cultura chinesa organizada ocorre no dia 2. milênio aC (Pokrovski, p. 36) e se estruturou em uma "monarquia militar burocrática", estrato "superior" a ser ilustrado, na visão de Confúcio; razão pela qual uma forte concepção de obediência e ritos é estruturada, a partir da filosofia teocrática (Pokrovski, p. 37), não só limitada ao confusionismo, mas também ao taoísmo.

A gestão da beleza ficava reduzida à cortesã, que "beneficiava" os guerreiros que exigiam seus favores e gostos contrários à dura, oscânica e desajeitada realidade da guerra, à qual se junta o efeito do sol sobre a pele das guerreiros, pelo que o seu oposto foi a palidez da pele das mulheres, que estava fechada e totalmente afastada dos raios solares (Faculdade de Segóvia, Universidade de Valladolid, 2007). Esta visão da beleza não constituía uma discriminação contra aqueles que não se conformavam com esta norma estética.

II.2.1.5 SEMITES: MONOTEISTAS

O aparecimento dos semitas ou hebreus data aproximadamente do segundo milênio AC (Universal History, the Hebrews, 2014). Eles eram tribos de pastores nômades liderados por patriarcas (cultura hebraica: história, características, religião e muito mais) ou os mais antigos e sábios.

Alguns argumentam que a cosmovisão semítica do Gênesis vem de uma acumulação dos sumérios, acádios, babilónios, assírios e egipcios (Romay, 2010). E é a partir dessa "tradução", que chamamos do politeísmo ao monoteísmo semítico, que se viabilizam ou se concretizam os fundamentos de uma cultura dicotômica e reduzida a uma simples contradição: bem vs. ruim; dia vs. noite; luz vs. Trevas; feio vs. belo; Deus vs. Diabo; ordem vs. caos. Vemos isso no livro de Gênesis (The Jerusalem Bible, p. 1).

Por outro lado, a beleza relacionada com as mulheres encontra-se na bíblia (galleon.com) para referir o uso de "barbear" a tez para seduzir. A beleza não era estranha aos homens e achamo-la relacionada com Absalom de quem se diz que "...não havia nele nenhum defeito" (Ediciones PAULINAS, página 184), a David, o de "beleza completa", o "louro" (The Jerusalem Bible, 1971, página 396 e 399) cujas citações bíblicas se encontram em Samuel I, 16,12; 17,42); estamos localizados no início do último milénio antes de Cristo (QUIEN.NET). E isto não é alheio ao que é dito no Génesis (1,27) no sentido de que "Deus criou o homem à sua imagem; à imagem de Deus o criou...". (A Bíblia de Jerusalém, p. 2). Esta simbiose de bom, agradável e belo, para Sisti implicava a tradução dos termos yafeh para se referir ao exterior que oferece prazer e felicidade; e, o outro termo é tób equivalente a "bem, bem ou bondade" (Sisti.).

23

O que poderia ser um primeiro elemento racial que vemos na Bíblia (Murcia) ao relacionar os descendentes de Noé com a origem e/ou cor da pele, e a maldição lançada por esta, contra os filhos de Canaã (negro) "... maldito seja Canaã, servo dos servos será para os seus irmãos...". (A Bíblia de Jerusalém, p. 12) em Génesis 9:18-29; embora este argumento também tenha sido utilizado no século XIX (Vascones, 2013).

Coincide com a nomeação dos Semitas depois dos Sumérios, como as "cabeças negras" (Pokrovski, p. 32).

I.2.2 OS GREGOS E A BELEZA HUMANA

A particularidade geográfica contribui para configurar um perfil diferente. Não tem as terras ricas das culturas anteriores, o que as obriga a procurar a sua sobrevivência alimentar fora delas, daí o seu desenvolvimento naval (Pokrovski, p. 43) e comercial; mas, além disso, constitui uma passagem obrigatória para o resto da Europa ou daí para a Ásia ou mesmo para o Médio Oriente ou África. As invasões, deles ou para eles, eram frequentes, o que con-figurava um perfil de poder a partir da guerra.

O personagem GUERREIRO forjou uma cosmovisão e com ela se estruturou um conceito de BELEZA em geral e físico (biológico) em particular, o mesmo que foi justificado por seus filósofos e reproduzido em sua mitologia; É assim que Platão (S. V-IV AC) se relaciona com uma casta superior,

24

sinônimo ou equivalente ao metal mais precioso, ao OURO, aos militares (também aos filósofos), que tiveram que se dedicar exclusivamente a ser perfeitos máquinas de luta (Pokrovski, 1966) e de governo, vinculadas ao conceito de ÚTIL de Sócrates (Pokrovski, p. 57) como princípio racional de "conhecer-se". Nesta mesma cosmovisão, temos a "proporcionalidade" em que trabalham os gregos (ΜΙΚΡΟΣ ΑΙΓΙΑΛΟΣ: Beauty, 2010), principalmente Pitágoras (Eco, 2010) e Teano de Crotota, e a da "harmonia" em Aristoteles (Calzado & Espada, p. 68) e é nesta visão que apostam nas medidas físicas, como os egípcios. Assim, temos o escultor Policleto de Argos (Jaramillo, 2012) que encarna a sua teoria na sua escultura "DORPHORUS" que tinha o corpo 7 vezes a altura da cabeça, que desenvolveu o seu cânone (Antiquitatem, 2015), daí o termo.

A melhor gratificação da beleza perfeita e útil que vemos no filme 300 (Gladiator Shadows, 2017), teve a sua origem no mito de NARCISO.

II.2.2.1 ANTINOMIA DA BELEZA DO GUERREIRO: O FEIO

A partir deste conceito de beleza foi gerada a exclusão da sua antinomia, e assim se iniciou a construção do feio. Para Rivera (Rivera Arce, pg. 91) Thersites é o carácter antinómico da beleza, não só por causa do seu cabelo escanzelado (um importante símbolo de beleza), mas também porque "...ele era o Achaean mais indigno; ele era de pernas arqueadas, coxo, com ombros deformados, cabeça bicuda e muito pouco cabelo...ele era o homem mais feio de toda a epopeia acheana em Tróia"; o grego QUASIMODO, reforçado por Epialtes (segundo o filme 300), que segundo Berges (Berges, p. 94) não era deformado. 94) não foi deformada.

A simbiose do feio e do mau, relacionada com o género femenino, ocorre na mitologia grega com as gorgónias, especialmente com a Medusa (Ferrando Castro, 2015).

II.3 ROMA, DO POLITEÍSMO AO MONOTEÍSMO CRISTÃO

A influência grega em Roma é evidente (Pokrovski, p. 79). A concepção grega de "Estado Mundial" é traduzida em Roma no PAX ROMANA, acrescentando um contorno religioso-filosófico-legal na exaltação do "Cesarismo" ou deificação (influência oriental) com poder ilimitado que tornou possível o "pragmatismo" romano que levou à premissa de DIVIDE ET IMPERA (Pokrovski, p. 80).

Para alguns autores, o modelo romano de beleza é uma "cópia simples" dos gregos (Llorca, 2017) e daí as semelhanças na sua busca do belo; nessa mesma perspectiva Heredia aponta (Heredia & e, p. 36). Desta forma entendemos a "beleza inigualável" que Ovid imortalizou (Ovid, 2003) quando descreve Adónis (imagem 4), e também sobre a ninfa Eco (adaptação romana) e Narciso.

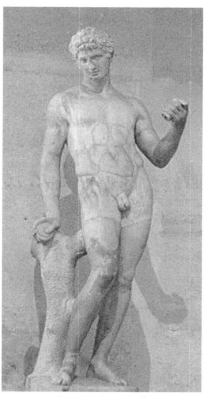

Foi assim que o Império Romano difundiu o conceito de beleza e feiúra por todo o seu território, que era extenso no tempo e geograficamente.

II.3.1 DEFINIÇÃO MONOTEÍSTICA DO INIMIGO

O declínio do Império Romano possibilitou o reconhecimento do cristianismo (judaico-cristão, mais tarde conhecido como catolicismo) como religião oficial, na perspectiva de se fortalecer para conter sua queda (Pokrovski, p. 92).

"Dai a César o que é de César e a Deus o que é de Deus", diz Cristo aos fariseus (The Jerusalem Bible, p. 1689), e essa expressão marcou o que mais tarde ficou conhecido como a teoria das duas espadas: o poder terreno e o espiritual . Isso constituía a "deificação" do rei: não era mais se ele gozava ou não do apoio dos deuses, mas, pelo contrário, o único deus havia conferido poder a ele e seus sucessores (Pokrovski, p. 92). É Assim, entra-se na crise da escravatura e inicia-se o processo para o feudalismo.

Acrescentada à frase que "Quem não está comigo, está contra mim, e quem não se reúne comigo, espalha" (A Bíblia de Jerusalém, p. 1,669), agora do poder, será uma contribuição significativa na cultura dicotómica: amigo contra inimigo (Ver: II.2.1.5 Semitas: monoteístas).

II.4 ATILA: O AGRESSOR "DIFERENTE".

"De baixa estatura, ombros largos, membros robustos e cabeça grande". Vivem como animais. Eles alimentam-se de... carne que maceram entre as coxas e as costas dos seus cavalos ...feia mas dura. Eles são cruéis e ferozes" (Geo-História, 2015); assim foram descritos estes "bárbaros" que invadiram o Império Romano e chegaram às portas da própria Roma. O seu líder, Átila, o bárbaro que poeticamente pronunciou a famosa frase: As estrelas caem, a terra treme, eu sou o martelo (flagelo) do mundo (Deus) e onde o meu cavalo põe os seus pés, a erva não volta a crescer (Flores, 2015), que, segundo o autor, não era nem bárbaro nem ignorante.

Contextualizando, Átila não desafia o império em declínio (recorde-se que os vândalos já tinham saqueado Roma alguns anos antes), mas a Igreja que estava a emergir com força. Não é por acaso que é chamado o flagelo de Deus (Dietrich W., 2011), pois quem sustentou o império imóvel foi o Deus cristão, pelo qual as forças romanas diminutas lutavam, o único e único criador do mundo, do qual se diz que não cairá um passarinho sem a vontade (Mateus 10,29) do Pai (A Bíblia de Jerusalém, p. 1.665). Ele desafia ao apontar que o seu cavalo Othar é mais do que o Deus cristão, pois onde ele pisa, não volta a crescer erva. Estamos na primeira metade do século V.

É assim que entendemos este inimigo externo, agressivo e feio, do ponto de vista do "atacado". A sua diferença em relação à estética ligada à antinomia da beleza predominante e acrescentou a agressividade "bárbara" do assassino invasor, violador e saqueador.

II.4.1 VIQUES, INVASORES ASSENTADOS E ACEITOS.

Invadindo ou dividindo o outrora poderoso império romano, parece que se tinha tornado um desporto: ninguém o estava a fervilhar como antes. É o tempo das grandes expedições, pilhagens e conquistas dos Vikings, entre outros. Embora não sejam invasores intercontinentais, como no caso de Átila, mas do ponto de vista romano-cristão são (Moskowich & Fandiño, p. 55).

Do século VI (ano 568) até ao século VIII, um dos povos Vikings, dominará quase toda a Itália para mais tarde ser reduzido no norte (Elhistoriador.es), os LONGOBARDOS (Gasparri, 2008) ou os Lombardos. São as loiras, olhos azuis ou azuis claros, pele rosada (erradamente chamada branca) e geralmente corpulentas e altas, que vivem, casam com os locais ou uns com os outros. É o lugar onde, no século XIX, César Lombroso nasceu, formou e formulou as suas teorias.

II.4.2 PRESENÇA ISLÂMICA.

A presença moura no sul de Itália foi real e duradoura (Azzarra, p. 142) entre 827 e 902, e menos duradoura em outras áreas. Vêm do Médio Oriente e do Norte de África: são os que têm pele NÃO branca.

II.5 LUTA ENTRE O PODER TEMPORÁRIO E O DIVINO

A idade média ou feudal caracterizada, antes do final do primeiro milénio d.C., por múltiplas invasões e/ou guerras internas entre reinos, é exacerbada pela disputa entre a Igreja e os reinos, na visão de quem tem a supremacia da perspectiva divina das duas espadas (Cajiao). Esta luta produziu uma série de directrizes que, de uma forma ou de outra, geraram unidade e luta de opostos, mas sempre na reprodução do poder. A partir da igreja foi gerida a visão de que o poder temporal estava subordinado ao poder divino.

A visão dos feios como maus ou não-virtuosos já estava consolidada nesse ponto da história: "...em caso de dúvida sobre um ou outro culpado, aplicar a tortura aos mais feios..." (Gómez Grillo, p. 6). (Gómez Grillo, p. 106), conhecido por alguns como o Édito de Valerius (Perez, 2013), referindo-se a um Édito Medieval.

II.6 A IGREJA CATÓLICA E SUA DEFINIÇÃO DE INIMIGO EXTERNO E INTERNO

É neste contexto que emergem as decisões do poder "divino": OS CRUSADES (Papa Urbano II, Concílio de Clermont, ano 1095 em diante); a INQUISIÇÃO SANTA (Papa Lucius III, bula papal AD ABOLENDAM, ano 1184); e, o escolasticismo (São Anselmo, Bispo de Cantuária, pai do escolasticismo, as suas obras MONOLOGION, ano 1076, e PROSIOGION, ano 1078, constituem as bases deste pensamento).

II.6.1 O ESCOLÁSTICO

Um instrumento de coesão, que tornou possível uma "impregnação quase total dos valores eclesiásticos tanto nos grupos privilegiados como nos segmentos populares, ... assim, a Igreja foi introduzida através de todas as frestas da vida..." (Negredo del Cerro, p. 55). (Negredo del Cerro, p. 55).

"O assunto tratado pelo escolasticismo pode ser materialmente especificado recordando o conteúdo das colecções de frases ou manuais, cuja leitura e comentários tiveram de ser realizados por aqueles que queriam ser leitores ou licenciados (de "licença" para ensinar)"... (Cortez, 1991). De cada púlpito e escola, eles reproduziram o que a Igreja e o poder terreno estabeleceram como verdade absoluta.

II.6.2 O INIMIGO INTERNO E A SANTA INQUISIÇÃO.

A estruturação da cultura dicotómica do inimigo vs. amigo, dá um salto qualitativo importante ao assumir uma dimensão divina e com um tribunal terrestre coercivo: o verdadeiro poder. A fusão do crime (principalmente contra o poder) e do pecado (hereges) é evidente (Alonso S., p. 71). Quem não está comigo, está contra mim: não há meias medidas. Os curandeiros e adivinhadores ancestrais (Monserrat, p. 9), não podiam desafiar a VERDADE ABSOLUTA que só vem de Deus através da igreja.

II.6.2.1 O PAPEL DOS DEMÔNIOS E BRUXAS NA CONSOLIDAÇÃO DO FEIO E DO PRETO

A esse INIMIGO que já é FEIO, está associado no imaginário, a toda aquela cultura ancestral, reproduzida em mitos, como a escuridão, a noite, a cor PRETO: o que é diabólico é preto.

II.6.2.2 O MARTELO DAS BRUXAS E AS NOVAS ORDALIAS

O aparecimento da prensa de impressão no ano 1. 453 (Universidade de Valência, 2016) tornou possível que o livro latino MALLEUS MALEFICARUM (título MARTILLO DE LAS BRUJAS também misógino), publicado em 1487, se difundisse na Europa e tivesse dezenas de novas edições, tornando-se um livro de bolso ou de cabeceira, ou o equivalente ao Manual do Cortador de Bastão da Disney; ao recolher experiências passadas, dão uma nova ordem aos procedimentos de "investigação" de heresias e sortições (principalmente femininas) (Bikuta-Manueru, 2015). De até dois a cinco milhões de vítimas estima-se (As Bruxas de Salém), e em nome de Deus: torna-se a expressão última de amigo vs. inimigo; o seu discurso é eminentemente guerreiro, de destruição do "inimigo", para o qual os soldados de Deus devem ser estruturados para combater as hostes do Diabo (Placas Vermelhas).

A proporcionalidade no castigo, alcançada há milénios com a premissa de "olho por olho", bem como a opção de defesa, foi demolida com as novas provações divinas.

II.6.2.3 O INIMIGO EXTERNO: AS CRUZADAS CONTRA O ANTICRISTO MUÇULMANO

A personalização do anticristo naquele que dominou Jerusalém foi importante, uma vez que ele se tornou o factor de unidade, principalmente em torno do papado (Zaballa, p.

33

199), o inimigo externo comum. Uma máquina de guerra é posta em movimento contra o anticristo ou inimigo externo; o "mosteiro militar" (Garcia) é posto em movimento.

II.6.3 PECADO ORIGINAL E LIVRE ARBITRAGEM: TRANSVERSE TUDO

A marca diabólica no ser humano, segundo a bíblia, vem desde o seu início quando as "origens" criadas por Deus (Eva e Adão) "consentem" voluntária e racionalmente, em "cair" no pecado, fingindo ser iguais aos seus. Criador (The Jerusalem Bible, pp. 31-32). Será a base para consagrar que você só é bom enquanto estiver na graça de Deus; e, o que "... começou naquele dia continuou porque herdámos a mesma disposição natural" (Penobsquis Baptisc Church, 2016): isto é, nossa natureza (corpo) contém o pecado.

Essa linha de pensamento é vista no Novo Testamento quando São Paulo assinala que "É o que é ... pela GRAÇA DE DEUS" (A Bíblia de Jerusalém, p. 1935), porque ele mesmo, seu eu é diferente, ele é negada, superada, com a graça de Deus, como aponta Santo Agostinho (González, 2009, p. 193) nos séculos IV-V, já que seria impossível avançar sem ele (González, 2009, p. 196). Por outras palavras, o corpo pelo pecado original está condenado ao inferno, como salienta Santo Agostinho (González, 2009, p. 199), contém pecado, e só no uso da liberdade ou do livre arbítrio, um acto racional, se pode recorrer à graça divina e submeter ou subsumir o mal ao divino.

II.6.3.1 SÃO THOMAS AQUINO

Séculos mais tarde, São Tomás de Aquino, no século XIII, aprofunda o conceito de Santo Agostinho no que diz respeito à liberdade do ser humano como "vontade e razão" (Dietrich L., p. 532) em Deus; isto o levará à felicidade, embora a alegria só seja completa na outra vida porque não haverá nada a desejar (Dietrich L., p. 537): será a VIDA PERFEITA. A contrario sensu, a falta de vontade e a falta de razoabilidade são equivalentes ao pecado que é possuído por origem natural.

Lorenz Dietrich tira uma frase de S. Tomás que sintetiza razão vs. irracional: "...afasta-se do não-ser na medida em que é ...". (Dietrich L., p. 537). O "não ser" compreendido pelo corpo humano infectado pelo pecado original, em oposição ao ser que "É" é constituído na vontade e razão na graça divina. O ser que "É" é constituído no triunfo da razão, obviamente em Deus, face ao pecado que inunda o ser humano, o corpo. Esta visão enquadra-se plenamente no momento histórico em que a Europa vive na sua luta interna e externa contra os inimigos da Igreja e do poder.

II.6.3.2 O "BRANCO" E OS ILUMINADOS COMO SÍMBOLOS DIVINOS

A cor branca, que foi descrita acima no devir histórico, e que está presente no Antigo Testamento (Lamentações 4:7) como pureza (A Bíblia de Jerusalém, p. 1442) ou como antónimo de pecado (Isaías 1:18; Salmos 51:18): sereis "limpos e ... mais brancos que a neve". 1442) ou como antónimo de pecado (Isaías 1,18; Salmos 51,9): serás "limpo e ...mais branco que a neve", também se encontra no Novo Testamento numa condenação lapidária daqueles que são belos ou branqueados por fora (A Bíblia de Jerusalém, p. 1691), mas não por dentro (São Mateus 23,27).

O branco está consagrado como a cor celestial=valor da tríade Cruzadas-Inquisição-Escoleticismo.

Da mesma forma, a proporcionalidade, herdada - dos egípcios - através dos gregos é reforçada pela "luz", que combate a escuridão=negro, daí a beleza branca ser "iluminada" ou abençoada quando assim considerada (Estética na Idade Média, 2009)

II.7 DA TEOLOGIA DA LIVRE ARBITRAGEM À FILOSOFIA RACIONALISTA E A EMERGÊNCIA DA DISCRIMINAÇÃO PELA COR DA PELE: MODERNIDADE

II.7.1 CONTEXTUALIZAÇÃO DO PODER EUROCÊNTRICO NO SÉCULO XV

No início desta fase histórica, convergem variáveis importantes como:

a) O bloqueio da única rota comercial europeia com a Ásia, pelo Império Otomano, dos mares que circundam a Península Arábica, obrigando os europeus a procurarem rotas alternativas, possibilitando a "descoberta" da América (Colón, 1.492) ou da o resto da África (Vasco de Gama, 1.498 e Sebastián el Cano) e da Ásia, incluindo a circum-navegação (1.519-1.522);

b) a expulsão definitiva dos islamitas da Península Ibérica (1492, Decreto Alhambra);

c) o surgimento da imprensa (1.440);

d) as divisões da Igreja Católica (Lutero - 1517 -, Calvino - 1534 -, Henrique VIII e os anglicanos - 1534 -);

e) o renascimento precedido pelo fim feudal;

f) a reformulação da filosofia grega, incluindo a concepção de escravidão aristotélica de que, sendo escravo "sem alma", é como um boi (Pokrovski, p. 67) e, aqueles, os "donos de escravos predeterminados por natureza para serem econômicos ordenação "(Pokrovski, p. 67);

g) o fim das cruzadas, que se tornou uma das variáveis importantes na transformação e transição do feudalismo para as cidades urbanas, terreno fértil para a industrialização e especialização do trabalho, o modernismo; e,

h) Estagnação econômica chinesa.

O crescimento econômico da Europa foi evidente e é
demonstrado pelas 2 tabelas seguintes:

Recuperação econômica:
cuadro 1

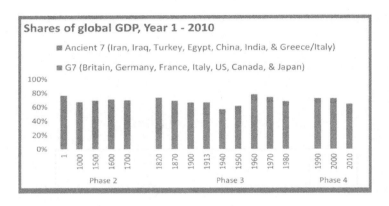

(Baldwin, 2017)

Recuperação econômica:

cuadro 2

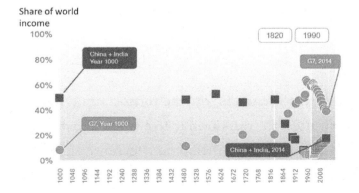

II.7.2 DESCARTES

Renatus Cartesius ou René Descartes (31/03/1596 a 11/02/1650), nascido em Haia e um "católico sincero" (neydilemus) com forte influência estóica (através de sua formação jesuíta) para superar o mal em si mesmo, pelo pecado original. Ele sustenta que só Deus é razão infinita, porque quando penso, sou finito; e, não será a minha fé que gera a ideia infinita, mas a inata da minha razão que vem do Deus infinito (O sangue do leão verde, 2010).

II.7.2.1 A ABORDAGEM FILOSÓFICA DA GRAVIDEZ À TEOLOGIA DO LIVRE ARBITRAMENTO

A visão teológica dicotômica de RAZÃO (em Deus = bom) vs. SEM RA-ZÓN (corpo = pecado original) vemos traduzida na abordagem cartesiana de CÓGITO ERGO SUN (penso eu, então .... EU SOU=Existo). Um "é" humano na racionalidade, na liberdade, na graça de Deus. A separação da RAZÃO vs. o resto do CORPO (carregado de negatividade, instintos, necessidades, Sem razões) é evidente. Dito de outra forma, só se eu PENSO...EU SOU, em Deus.

Os animais são "mecanismos" sem sensibilidade e sem alma, enquanto que os seres humanos se distinguiriam por ter alma, sem deixar de ter aquele "mecanismo" insensível; e, essa alma estaria relacionada com à glândula pineal, aquela que confere a imortalidade humana (O determinismo biológico como base do racismo, 2016); e essa imortalidade da alma vem de DEUS, do Deus católico, protestante, anglicano, luterano, etc.: do Deus cristão e europeu.

II.7.2.2 O EUROCENTRISMO GERADO PELA FILOSÓFICA CAR-TÉSICA.

Um século e meio após a decolagem econômica descrita no ponto II.7.1., O surgimento do pensamento de René Descartes adquire conotações extraordinárias, pois passa a justificar o colonialismo (Ledesma, 2017, p. 35) e o tráfico não só de escravos , na Amsterdã onde Descartes mora (Dussel, 2008, p. 195). Não é expressamente, mas como o poder e os seus teóricos, tomam e manejam com essa concepção para construir, sobre ela, uma visão de mundo já colonialista, determinista e, posteriormente, discriminatória em função da cor da pele. É uma combinação da "racionalidade" eurocêntrica objectiva que dirige o corpo grávido de subjectividades pecaminosas e retrógradas como a equivalência do feio e do PRETO, ao qual se acrescenta a já consagrada consagração do BRANCO como símbolo divino: uma combinação adequada para a emergência da discriminação.

II.7.3 APARÊNCIA DA CATEGORIA "RAÇA"

Para Foucault (Foucault) tudo parte da disputa ou guerra das "raças" europeias: a procura das suas origens; a partir daí, ele passará para o biológico, mas só reconhece essa virada dos irmãos Augustíne e Amedée Thierry (Foucault, p.

56), do início do século XIX e desconhece as contribuições de Bernier, Linnaeus , Buffón, entre outros. Semelhante acontece com Claude Lévi-Strauss (Lévi-Strauss, 2012, p. 39) que sustenta que a história reconhece Joseph Artur de Gobineau (século XIX) como o pai das teorias discriminatórias, embora ele o aponte como aquele para quem a "tara" encontra-se na miscigenação: degeneração "racial" (Lévi-Strauss, 2012, p. 40); nessa mesma abordagem, vemos Pokrovski (Pokrovski, pp. 287-288) e Michel Wieviorka (Wieviorka, 1992, p. 29).

II.7.3.1 FRANCISCO BERNIER

Na sua obra "Nova divisão da terra pelas diferentes espécies ou raças de homens que o habitam" publicada no ano de 1684 (Alegret, p. 138), ainda não categorizada como raça, ele faz uma classificação "comparativa" da humanidade. com o mundo animal: africanos com cães de água, asiáticos com porcos e lapões com "vilains animaux" (animais travessos); ele não compara os europeus.

II.7.3.2 CARLOS LINNEO

Tal como Bernier, sem entrar na categorização de "raça" (publica diferentes edições corrigidas e ampliadas, entre 1.735 e 1.766), faz uma classificação por "cor de pele" (Alegret, p. 140), traços físicos, perfil psicológico e factores sociais:

"**Homo Americanus**. Avermelhado, bilioso, reto; cabelos pretos, lisos e grossos; narinas dilatadas; rosto sardento; queixo quase sem barba; obstinado, alegre; vagueie em liberdade; é pintado com linhas curvas vermelhas; é regido pelos costumes.

Homo europeus. Branco, sanguíneo, ígneo; cabelo louro em abundância; leve, fino, engenhoso, usa roupas justas; é regido por leis.

Homo asiaticus. Pálido, melancólico, sério; cabelo escuro; olhos vermelhos; severo, luxuoso; vestidos com roupas soltas; é governados pela opinião.

Homo afer. Preto, indolente, de hábitos dissolutos; cabelo preto e encaracolado; pele oleosa; nariz de símio; lábios grossos; vagabundo, preguiçoso, negligente; é governado pelo arbitrário".

Essa classificação "hierárquica" (Pasquo, 2008, p. 220) de Lineo é a primeira a levar em consideração a cor da pele e serviu de base para todas as subsequentes que foram dadas.

II.7.3.3 A CONTAGEM DE BUFFON

Georges Louis Leclerc, o Conde de Buffon (1707 - 1788) é considerado o predecessor de Charles Darwin (Gould, 2014, p. 347) no "caminho retilíneo para a verdade", e usa um "método dedutivo racionalista e hipotético" (Alsina G, 2013,

p. 76). Ele é creditado (Alegret, p. 141) com "... a primeira conceituação explícita do conceito de raça ...", em seu livro Les époques de la Nature (1778); em 1773, ele estabelece a relação entre "cultura - linguagem" atribuindo ao meio ambiente (especialmente o clima) que dá origem à variedade (Alegret, p. 142) (Geulen, 2010, pp. 16-17); e essa mesma visão que o leva a afirmar que "a falta de civilização produz a negritude da pele" (Todorov, Nosotros y los otros, 1991, p. 128)

Essa contribuição desencadeou inúmeros estudos na perspectiva de aprofundamento ou diversificação.

II.7.3.4 O MEDIDOR CAVEIRAS: BLUMENBACH

Johann Friedrich Blumenbach, médico, considerado o fundador da CRANIOMETRIA (Alegret, p. 144), embora houvesse quem o precedesse como Louis Jean Marie Daubenton (Delgado P., p. 1) (discípulo de Buffon), Pierre Camper com o seu "ângulo facial" (Alegret, p. 144) que consolida Paul Pierre Broca no século seguinte (Elía M., 2016) a partir de uma visão evidentemente discriminatória e eurocêntrica.

Blumenbach publicou em 1790 a sua classificação das "raças" dos crânios: Caucasiano, Etíope, Mongol, Americano e Malaio (Alegret, p. 144).

II.7.4 KANT E A CONSOLIDAÇÃO DA DISCRIMINAÇÃO EURO-CENTRAL

"Acredito que basta pressupor quatro raças para derivar delas todas as diferenças reconhecíveis que se perpetuam nos povos: 1) a raça branca, 2) a raça negra, 3) a raça dos hunos (mongóis ou kalmudic), 4) raça hindu ou hindu ... "(Morales, 2014), ressaltando, segundo Morales, que nas aulas de" Geografia Física "de 1804, o próprio Kant sustentava que" a humanidade existe em sua maior perfeição em a raça branca ... "e em relação aos negros, ele aponta como uma raça de" escravos e dependentes de lideranças ", e é preguiçoso, preguiçoso e sujeito ao ciúme e à dúvida, e carece de moral (Olisa, 2016), embora" possam ser educados, mas apenas como servos "(Eze, 2012, p. 225) e deve ser com" uma vara de bambu ", diz o próprio Eze. Há aqueles que fazem a diferença, como descrito acima, entre racismo (ativista) e "racialismos" (Santos H., 2010), eles também veem Kant como aquele que levanta a "supremacia epistemológica branca" (Post-leman).

Vemos o determinismo do processo evolutivo corporificado em Kant (Kant, 2010, p. 271) ao distinguir entre adolescentes, jovens e adultos. Para Kant, haverá elementos que impedem alguns de "deixar sua minoria de idade" (Lepe-Carrión, 2014, p. 78) e, obviamente, apenas os "maduros" serão capazes de realizar os seus destinos.

O conceito de FEIO ligado à cor da pele está presente (Kant, 2010, p. 239) na sua visão eurocêntrica e discriminadora.

II.7.5 DISCRIMINAÇÃO PELA COR DA PELE EM HEGEL: ENTRE OS SÉCULOS XVIII E XIX

Para Quintana (José María), no preâmbulo da 2ª edição da "filosofia da história" de Georg Whilhelm Friedrich Hegel (1770-1831) aponta que para Hegel "a única coisa que interessa à filosofia é o esplendor da ideia de que brilha e se reflecte na história universal "(Hegel FG, 1971, p. 18); e, que ao longo do "caminho que a Idéia se desdobra, há povos que ficaram de fora do movimento histórico (Hegel F. G., 1971, p. 19) como" becos sem saída ". E é nessa linha de pensamento que ele aponta a superioridade da "raça e cultura germânicas" (Hegel F. G., 1971, pp. 19-20). O reconhecimento das "raças" é mencionado pelo filósofo alemão (Hegel FG, 1971, p. 85), e ele o aprofunda ao se referir ao "Novo" mundo, nossa indo-afro-latino-americana, que o concebe como um "Imaturidade física... geograficamente", originou-se tardiamente e "... destinada a se extinguir assim que o Espírito (a IDEA) se aproximasse...", devido à "inferioridade... em todos os sentidos" (Hegel FG, 1971, p. 105) e portanto, não há conquista ilícita ou invasão injusta (Valencia, 2004, p. 265).

Esse único interesse da filosofia, que é a IDÉIA, é tratado também na "estética", visto que o "ideal é a ideia da razão realizada" (Hegel FG, 2006, p. 11), e assim trata o "belo" E,

45

obviamente, o"feio "(Hegel FG, 2006, p. 17); o belo, para este filósofo, nada mais existe do que esculturas gregas, e é gerado pelo espírito e, portanto, é superior à natureza (Hegel F. G., 2006, p. 49); e a "... fenomenologia do ESPÍRITO é ... encarnação da divindade" (Lonzi, 2004, p. 7).

II.7.6 SITUAÇÃO DA EUROPA NO SÉCULO XIX

O capitalismo agrário aliado à incipiente mas crescente produção industrial inglesa de bens manufaturados que já competia com a Índia (Valero, 2015, p. 32) leva a uma busca por mão de obra barata que "encontrou" na África, em séculos anteriores.

A Europa, nos arredores de Inglaterra (Dominguez, 2017), França, Alemanha, Itália, Império Austro-Húngaro e Rússia, bem como a sua antiga colónia norte-americana, no século XIX e início do século XX (fim do Império Otomano) atingiram a sua ocupação territorial colonial máxima, com excepção da América Latina que iniciou a sua emancipação e marcou o fim do Império Espanhol (Maro, 2006, p. 183); sem excluir os países do Norte que também tinham colónias. Até a China foi invadida, desmembrada e comercialmente subjugada (Anónimo, 2014, p. 8). Embora este seja o século em que ocorre a abolição formal da escravatura, isso não significa que não tenha continuado, pois "toda a África negra tornou-se um enorme território produtor de escravos" (Ibañez, 2010, p. 26), e depois do

46

Congresso de Berlim (Dominguez, 2017, p. 3), quase totalmente ocupado (1885) pelos europeus, tal como a Índia pela sua mão-de-obra barata, algodão e plantações de ópio (Dominguez, 2017, p. 4).

A emergência do NACIONALISMO como fator de "espinha dorsal", juntamente com o liberalismo (Lara, 2010, p. 1), na maioria dos casos (López, 1996, p. 4), também caracterizou a Europa.

O industrialismo (burguesia) dá um salto importante na mecanização e na gestão do poder no nascente estado de direito que se inicia no século XVIII. Há também o surgimento do movimento operário (López, 1996, p. 1); e a mecanização e os trabalhadores implicaram no abandono da terra, também deslocamento "explosivo" para as cidades: "surgiu a polícia" (Zaffaroni R., 2011, p. 88).

Mesmo a estatura -corporal- média dos europeus teve um crescimento considerável a partir deste século (Martinez, 2012).

Tornou-se um século secular ou um século de "secularização" (Dittrich, p. 1); passou do bom cristão para o bom cidadão (moral social: ética do trabalho) (Langewiesche, 2000, p. 200). Não será mais a Igreja a definir a moralidade, mas a Esto a propagar a moralidade social na construção do cidadão "civilizado" (Miranda P., 2007, p. 370), substituindo as castas antiguas pela dos cidadãos trabalhadores e bem sucedidos (moralidade burguesa cristã não-católica); a moralidade de ORDEM e PROGRESSO materializa-se, onde o corpo ocioso (corpo=negro=pecado original) deve ser domado com ORDEM e disciplina.

II.7.7 ¿DARWIN, MAL TRADUZIDO?

Charles Darwin (1809-1882). Tudo aponta para o fato de que foi Spencer quem interpretou erroneamente ou traduziu mal o autor analisado ("a origem das espécies", publicado em 1859) (Darwin C.), ao gerar a categoria de "darwinismo social" (López M, 2019) como a luta e sobrevivência do "mais apto" (Kropotkin). Essa mesma leitura, no sentido de que se trata de uma má tradução, é feita por terceiros da América Latina (Zaffaroni R., 2011, pp. 88-89); Para este autor, a abordagem de Darwin é que o homem sobreviverá não por ser o mais forte, mas por aqueles que são mais aptos para a reprodução e mais bem dotados para a cooperação simbiótica (Zaffaroni R., 2011, p. 89).

O que não quer dizer que em obras posteriores como a publicada em 1871 com o título "A descendência do homem e a seleção em relação ao sexo", acabe sustentando "... que os negros e os aborígenes australianos são iguais aos gorilas ..." e que as "raças inferiores" seriam evolutivamente substituídas pelas "raças civilizadas" (Amino, 2017), ou antes quando ele argumenta que "... neste período inicial, as faculdades intelectuais e sociais do homem dificilmente podem ter sido inferiores às aqueles que hoje têm os selvagens mais degradados ... "(Darwin CR, 2009, p. 181).

II.7.8 COMTE E DISCRIMINAÇÃO EUROCÊNTRICA

A "racialização" da época também tem a sua influência em Comte (Pineda, 2016), quando se relaciona com a "raça branca" como superior (Raat, 1971, p. 425) e adequada para fazer parte do estado positivo e da sua religião. Reconhece expressamente a categoria de Raça e finge focar as diferenças do desenvolvimento e progresso das mentes (Comte A., 1896, p. 250). Será neste "desenvolvimento e progresso das mentes" que ele encarna, na sua Lei dos três estados (Comte, 1979, pp. 22-24), o carácter supremacista do europeu por ter transitado (Zaffaroni E. R., 2003, p. 136) neste determinismo, e estando no limiar do estado positivo ou superior, os "homens" da raça branca (Zaffaroni E. R.., 2012, p. 123), aqueles que se desenvolveram até à "sociedade industrial", que deveria ser "capitaneada por cientistas e sábios" (Diez de la Cortina): "os brancos são os homens aptos a exercer o comando sobre os condenados a posições sociais subalternas" (Galeano, p. 34); ou, ter-se desenvolvido até à "sociedade industrial", que deveria ser "capitaneada por cientistas e sábios" (Diez de la Cortina). 34); ou, tendo desenvolvido desde a infância até à idade adulta, um caminho que as crianças (leia-se "selvagens"), dirigidas ou acompanhadas por "adultos" ou "civilizados" (Troyano, 2010, pp. 8-9), são obrigadas a seguir.

II.7.9 GOBINEAU

Joseph Arthur Gobineau publica em 1853 o "Ensaio sobre a Desigualdade das Raças Humanas", que verteu os conceitos de inferioridade da "raça negra" (Valero, 2015, p. 31). Ele disse que a "variedade negróide é a mais inferior, está no fundo da escada" (Valero, 2015, p. 38) e posiciona a "raça branca" como aquela da qual "as outras civilizações derivam" (Valero, 2015, p. 40). Esta categorização baseia-se em elementos como "beleza, força física ou capacidades intelectuais", concluindo que a "raça branca ocupa o mais alto nível em cada uma destas áreas" (Cisneros, 2001, p. 180).

Há vários autores que atribuem a Gobineau um carácter teórico à discriminação pela cor da pele (Cisneros, 2001, p. 180) ou ao "racismo puramente bio-lógico, refractário a qualquer ideia burguesa de progresso" (Zaffaroni E. R., 2003, p. 141).

II.7.10 MARX NÃO FOI SALVO?

A visão eurocêntrica (Zea, 1983) como o valor médio predominante torna viável a afirmação de Marx e Engels (Marx, 2012, p. 10) no sentido de que o ano 1492 foi a "descoberta da América" por Colombo. Será também no mesmo documento em que reproduzem a dicotomia "Barbarismo versus Civilização", considerando alguns povos como "bárbaros", outros como "semibarbarianos" e obviamente, os europeus como "nações civilizadas" (Marx, 2012, p. 18). Na "Origem da Família, da Propriedade Privada e do Estado" Engels, no final do século XIX (1884), repete a mesma posição em relação ao "desenvolvimento" dos povos da perspectiva eurocêntrica, mantendo, entre outras coisas, que "na altura da conquista, estavam no meio da barbárie", referindo-se aos povos que eram do México ao Peru (Engels, 2017, p. 4).

Para além da visão eurocêntrica e positivista do desenvolvimentismo, acabam por justificar o "colonialismo" na perspectiva de que os mais avançados ou desenvolvidos podem produzir avanços - determinismo histórico - (Monjaràs-Ruiz, 1983) nos menos desenvolvidos e colonizados (Zea, 1983); é assim que Marx e Engels justificam as invasões britânicas da Índia, China, Argélia e aplaudem a "derrota" e a perda do território da Califórnia do México para os EUA. África também não estava ausente dessa visão, quando, segundo Palacios (Palacios, 2018) alude a Engels quando afirma que "a África permaneceu à parte da luz da história consciente e envolta no manto negro da noite".

II.7.11 LITERATURA: O IMAGINÁRIO COLETIVO CONSOLIDADO

A arte e a literatura também expressam a realidade da Europa -e dos Estados Unidos- (descrita no ponto II.7.6) e sentimentos ou valores (Màrquez, p. 462), aos quais nos referiremos mais adiante.

Shakespeare (S. XVI-XVII) não lhe é estranho (Miranda C. A., 2009) na sua peça OTELO; "o racismo e o medo da raça negra pode ser uma segunda leitura do tormento do hábil Iago" (Cabrera, 2012): "! o diabo vai fazer de ti um avô!", ou a "ovelha negra" (Manoel).

Foi entre os séculos XVII-XVIII que Daniel Defoe nasceu e morreu, produzindo a sua obra literária "Aventuras de Robinson Crusoé (Defoe, 2006)" em 1719; é nesta obra que o autor "...manifesta a visão colonialista, escravista e racista típica da época...". (Fernàndez M., p. 10), coincidindo com o Puchal espanhol (Puchal T., 2015, p. 71) ou outro comentador (ancrugon) e o suposto "racismo científico" (Coetzee) que se lança num prólogo Coetzee.

Embora seja americano, produziu literatura no século XIX e as suas obras como "As Aventuras de Tom Sawyer" e "As Aventuras de Huckleberry Finn" são qualificadas como "racistas", segundo Alan Gribben (Gribben, 2011) que salienta que "...calúnias raciais abusivas que implicam conotações claras de inferioridade...", sem primeiro argumentar que Twain era um "realista literário proeminente". Na mesma linha, temos Giordano (Giordano, 2014), Moisés de las Heras Fernández (de las Heras, 2016).

As histórias, que estão a ser adaptadas em cada vez, contribuem para "...reproduzir os conhecimentos, crenças, atitudes, ideologias, normas ou valores de um grupo ou da sociedade como um todo" (Márquez, p. 488).

II.7.12 OS "VALORES MÉDIOS" DA GARÓFALO: EXPLICAR PARA O LOMBROSO

A investigação do Marquês Rafael Garófalo sobre a pré-existência de um "crime natural" levou-o à conclusão da existência de Sentimentos que actuam como uma "força centrípeta que uniria os indivíduos para um fim, para o centro da sociedade, para lutar contra as forças centrífugas individuais" (Canevello, 2000, p. 9), "a medida média em que são possuídos por uma comunidade e que é indispensável para a adaptação do indivíduo à sociedade" (Garófalo, 1912, p. 37): é "a famosa definição do crime natural" (Garófalo, 1912, p. 37). 9), "medida média em que são possuídos por uma comunidade e que é indispensável para a adaptação do indivíduo à sociedade" (Garófalo, 1912, p. 37): é "a famosa definição de crime natural de Garófalo" (Gómez Grillo, 1979, p. 170).

Para compreender o tempo e o lugar em que Lombroso viveu, é preciso compreender esta concepção dos "sentimentos de Deus" de Garofalo.

II.8 ¿LOMBROSO, O CRIMINOLOGISTA QUE DISCRIMINA PELA COR DA PELE?

II.8.1 CONTEXTUALIZAÇÃO

II.8.1.1 ORIGENS DA LOMBARDIA

Tem sido feita referência (ver: V.1. Vikings, invasores instalados e aceites) à presença dos Longobardos ou Lombardos em Itália desde o século VI, principalmente no Norte.

II.8.1.2 A ITÁLIA DO CAPITALISMO TARDIO E DA POBRE ITÁLIA

É também nesta Região que o liberalismo econômico se desenvolve na Itália do capitalismo tardio, como é referido no ponto IX: é a Itália desenvolvida e rica, a Itália do norte. Havia a pobre Itália, principalmente o Sul, que alimentava o Norte com mão de obra barata, soldados e saturou seus hospitais, auspícios ou orfanatos, prisões, etc.

II.8.1.3 LOCAL DE NASCIMENTO DE LOMBROSO, FORMAÇÃO ACADÊMICA E TRABALHO

Cesar Lombroso é um "médico veronês formado em Gênova" (Zaffaroni ER, 2003, p. 161) (Verona, uma cidade da região do Vêneto; e Gênova, uma cidade da região da Ligúria), ambas cidades localizadas no norte da Itália; Além disso, era judeu (Zaffaroni ER, 2003, p. 166), trabalhava

(Christiansen, 2015, p. 244) na prisão de Pavia (cidade da região da Lombardia) e membro do Partido Socialista Italiano (PSI) (Christiansen, 2015, p. 237).

II.8.2 O "ATAVISMO MORFOLÓGICO" DA NATO CRIMINAL: TRANSDUÇÃO DO RACISMO EUROCÊNTRICO

"A criminalidade observada... em seu famoso Atlas... (indivíduos com traços mongolóides e africanos) ... sinais... claramente racistas... foram os que guiaram o poder punitivo para criminalizar indivíduos estereotipados (o porte de rostos continua sendo a primeira causa de criminalização) (Mollo, 2012, p. 2); era a relação entre o homem criminoso e o homem primitivo / selvagem (Piza D., 2016, p. 511). Essa relação possibilita a emergência, da criminologia e do poder punitivo, de uma visão racista e colonial (Zaffaroni E. R., 2012, p. 94).

II.9 NOSSA AMÉRICA INDO-AFRO-LATINA

II.9.1 PRÉ-HISPÂNICO.

II.9.1.1 JÁ ESTÃO?

Ramiro Condarco (Condarco, 1986) aborda diferentes autores que dão explicações sobre a presença do que se pretendia ser "O homem americano", entre eles dos mais implausíveis ou imaginativos como os dos continentes desaparecidos no Pacífico (Lemúria; e, Austerria, com os seus homens da raça "vermelha") e que a sua curta transferência, pela proximidade, tornou possível que eles chegassem ao nosso continente (Condarco, 1986, pp. 4-5); aborda também aqueles que propuseram que eles sempre existiram por fazerem parte da "Atlântida" já desaparecida - a sua parte central, depois de um cataclismo 800 mil anos A.C.E. - e que eles faziam parte da "Atlântida" já desaparecida - a sua parte central, depois de um cataclismo 800 mil anos A.C.E. -. 4-5); dirige-se também àqueles que propuseram que sempre existiram como parte da "Atlântida" já desaparecida - a sua parte central, após um cataclismo de 800 mil anos a.C. - e que dos seus restos surgiram as culturas da raça "vermelha", que tinham sido destruídas por um cataclismo de 800 mil anos atrás (Condarco, 1986, pp. 4-5). e que dos seus restos surgiram culturas como a americana (Yucatan) (Condarco, 1986, p. 5), expandindo-se não só neste continente. Outros autores também se dirigem àqueles que assinalam que "já lá estavam" (Ortega, 2020, pp. 2 - 7).

II.9.1.2 ELES CHEGARAM?

Provavelmente doze mil a dez mil anos atrás antes da era cristã, para alguns (Carolyn, 1985, p. 7) (Ritter, 1991, p. 9) (Ceballos, Navarro, & Philp, 2018, p. 69) e, para outros (Lumbreras, Kaulicke, Santillana, & Espinoza, 2010, p. 21) foi mais cedo, ao que foi anteriormente assinalado (Bates & Terrazas, 2006, p. 203), que os humanos chegaram e povoaram nossa atual Indo-Afro-América, a partir de Ásia (Litvak & Mirambell, p. 15), no final do Pleistoceno e com formação pré-tribal (Bates & Terrazas, 2006, p. 205), (Ritter, 1991, p. 25) (Ceballos, Navarro, & Philp, 2018, p. 75) (Klein, 1988, p. 31) como caçadores-coletores.

II.9.1.3 DE COLETORES A EMPRESAS AGRÍCOLAS.

Aproximadamente 6.000 a.C. (outros dizem 7.000 - (Lumbreras, Kaulicke, Santillana, & Espinoza, 2010, p. 65) -) ocorreram mudanças climáticas, no nosso continente, que resultaram na disponibilidade de recursos alimentares (Ceballos, Navarro, & Philp, 2018, p. 79) e na viabilização de culturas e trocas aproximadamente 2.500 a.C. (Ceballos, Navarro, & Philp, 2018, p. 81) (Klein, 1988), que, segundo Lumbreras, "O controlo, acesso e apropriação da força de trabalho, através da tributação, aluguer do trabalho e formas de reciprocidade assimétrica ou redistributiva, é o novo que aparece" (Lumbreras, Kaulicke, Santillana, & Espinoza, 2010, p. 85), e será no que Kaulicke chama o "Período Formativo" (1.700 a.C. e 200 d.C.) que a "...arquitectura monumental é gerada...". (Lumbreras, Kaulicke, Santillana, & Espinoza, 2010, p. 139) como expressão de poder e civilização; embora haja quem afirme que foram apenas cerca de 900 AC que as sociedades agrárias (Ceballos, Navarro, & Philp, 2018, p. 85) e de economia mista (recolha, caça, pesca e agrária) que produziram o monumental foram consolidadas (Ceballos, Navarro, & Philp, 2018, p. 85) e produziram o monumental.

É neste contexto que ocorrem relações políticas com elevado conteúdo teocrático, parentesco e diferenças hierárquicas de caciques principais e secundários (Ceballos, Navarro, & Philp, 2018, p. 93). Para Kaulicke é "... o culto e os laços ideológicos e sociais ... que fomentam a emergência de sociedades estratificadas com elites poderosas no sentido económico e político" (Lumbreras, Kaulicke, Santillana, & Espinoza, 2010, p. 178), uma vez que nenhuma outra explicação é possível para a presença de um "excedente" para construir essas obras monumentais (Lumbreras, Kaulicke, Santillana, & Espinoza, 2010, p. 189).

II.9.1.4 ESTRUTURA SOCIOPOLÍTICA DOS CASTAS.

Estas relações políticas teocráticas estão consolidadas em castas muito fortemente estruturadas; e, desenvolveram uma "economia alheia à economia clássica de mercado", segundo a Santillana (Lumbreras, Kaulicke, Santillana, & Espinoza, 2010, p. 234). Estas castas são as que acumulam o "excedente" mencionado acima por Kaulicke, no qual o aspecto ideológico é obviamente acrescentado, tanto na cultura pré-inca como na cultura inca, que não alterou, segundo a Santillana, a vida económica pré-existente (Lumbreras, Kaulicke, Santillana, & Espinoza, 2010, p. 304). Para Quebracho (Liborio Justo), na era Inca foi consolidada uma "...minúscula casta dominante" (Justo, 1967, p. 4), referindo-se à dos Incas. 4) referindo-se à do Inca, obviamente, o que não exclui a existência das outras castas que representavam os povos (compostos por ayllus e outros territórios) conquistados e subjugados, que normalmente eram autorizados a continuar a governar os seus territórios enquanto se submetessem ao Inca supremo, uma vez que não "...alteravam os modos de vida tradicionais..." (Lumbreras, Kaulic). (Lumbreras, Kaulicke, Santillana, & Espinoza, 2010, p. 304).

A impermeabilidade das castas foi real, como mostra a história de OLLANTA (Anónimo) que, tendo sido um grande general, é mesmo considerado um Inca por privilégio (Lumbreras, Kaulicke, Santillana, & Espinoza, 2010, p. 394), mas quando pede a mão da filha de Pachacutec, repreende-o dizendo: "Ollanta, és um plebe-me, fica assim.... pareces demasiado alto..." (Anónimo, p. 5).

II.9.1.5 A ACUMULAÇÃO DO "EXCESSO".

Espinoza afirma que o Inca sendo "...filho de deuses e soberano supremo, dispõe de tudo, da terra e daqueles que nela vivem" e, obviamente, os colonos não distinguiram que propriedade pertencia ao Inca e qual ao Estado, simplificando ao percebê-los como todos pertencentes ao Inca (Lumbreras, Kaulicke, Santillana, & Espinoza, 2010, p. 348). Mesmo as mulheres poderiam ser descartadas ou oferecidas pelo Inca (Justo, 1967, p. 6).

As instituições obrigatórias que governavam o campo de trabalho, segundo Espinoza, eram: a minca ou minga colectivista, a mita estatal (de data pré-Inca), a ayni da reciprocidade, o serviço no exército, yanas ou yanayacos, ananases ou escravos, de artesãos, comerciantes, administradores estatais, sacerdócio e outros especiais (Lumbreras, Kaulicke, Santillana, & Espinoza, 2010, p. 360) (Justo, 1967, p. 360) (Justo, 1967, p. 360). 360) (Justo, 1967, p. 5); todos os mecanismos de extracção de um excedente que beneficiou as castas dominantes. Mesmo a estrutura pré-Inca (Justo, 1967, p. 4) (Romero, 1949, p. 61) (Velarde, 1977, p. 218) do Ayllu reproduziu as castas dominantes, uma vez que estas tinham a hierarquia suprema no ayllu.

II.9.1.6 ¿SOCIALISTAS?

As figuras da minca ou minga colectiva e ayni da reciprocidade, quando abstraídas e descontextualizadas da totalidade, levaram os mouros e os cristãos a compará-las a figuras muito socialistas ou a estados comunistas. Assim, no Congresso de Tucumán (1816) que declara a independência da Argentina, propõem-se restabelecer a dinastia dos Incas (Justo, 1967, p. 8), e nessa visão Baudin escreve "O império socialista dos Incas" (Baudin, 1962) ou, como diz Mariátegui, que foi o povo "Inkaic" que "...construiu o sistema comunista mais desenvolvido e harmonioso...". (Mariátegui, 2012, p. 48).

II.9.1.7 A BELEZA.

"A partir da concepção religiosa pré-colombiana e do carácter peculiar dessa religiosidade deve então começar qualquer estudo estético..." (Delgado, p. 6). (Delgado, p. 24), já que exprime "...um mundo de deuses horríveis e impiedosos... do qual o homem não pode escapar", de modo que "...não tende, então, à beleza...", mas sim "...aos religiosos" (Delgado, p. 25). A estética vem reafirmar a posição e o poder que se tinha, por exemplo, nos toucadores de cabeça das mulheres, tais como abafadores de orelhas e anéis de nariz, ou mutilações dentárias (Fudación Cultural Amelia Spitalier).

II.9.1.8 CRIME.

E, para que este modelo de acumulação de excedentes não sofresse distorções, tinha um código duro como ama suwa, ama llulla e ama qhilla (não ser ladrão, não ser mentiroso e não ser preguiçoso - artigo 8 da Constituição Política do Estado da Bolívia, são incorporados como princípios éticos e morais). Ninguém pode viver inactivo, nem mesmo as crianças, os deficientes ou deficientes (Lumbreras, Kaulicke, Santillana, & Espinoza, 2010, p. 352) (Justo, 1967, p. 5): os cegos e os maneta complementavam-se para realizar trabalhos obrigatórios.

O mesmo aconteceu contra quem não pagou impostos ou se atreveu a rebelar-se: a pena capital para quem quer que tenha tentado contra a vontade do filho do sol, o Inca.

II.9.2 COLÔNIA

II.9.2.1 DESCOBERTA, INVASÃO OU ENCONTRO?

A descoberta, invasão ou encontro dependerá da visão epistemológica com a qual for abordado. Em qualquer dos casos, seja por inocência, violência ou pacificamente, em 1492 começa um processo económico, social, político e cultural sem precedentes, uma vez que diversas culturas de 3 continentes (a nossa, a europeia - com as suas particularidades de Castela e/ou Espanhola - e a africana) são amalgamadas.

II.9.2.2 CHEGADA À ZONA CENTRAL DA AMÉRICA DO SUL.

Desde aquele dia 12 de outubro de 1.492, quase quarenta anos devem ter se passado para que os espanhóis alcançassem a área central da América do Sul (onde foi formado o Vice-Reino do Peru), prendessem o inca Atahualpa e o executassem (1.532) (Noejovich, 2009, p. 13) (Brewer-Carias, 2007, p. 14).

II.9.2.3 E O MILAGRE ACONTECEU: ¡OS INDIANOS TINHAM UMA ALMA!

Como todos os inícios, o governo espanhol mostrou as suas contra-dições internas sobre como tratar os nativos ou "indígenas", uma vez que havia figuras de gestão da escravatura, apoiadas por concepções teológicas como a de Francisco de Vitória, que considerava os indígenas como sendo de mentes pobres (Hanke, 1940, p. 358); e, pouco tempo depois, voltou-se para o tratamento de assuntos "especiais", que se consolidou com o reconhecimento papal de que eles "tinham almas" e podiam ser convertidos ao catolicismo. 358); e, pouco depois, tornou-se um tratamento de assuntos "especiais" que se consolida com o reconhecimento papal de que "tinham alma" e podiam converter-se ao catolicismo (diz-se que o Papa Paulo III pergunta ao frade que gere este evento, se estes seres "riem" ao que ele responde que, "além de rirem, cantam, dançam e se divertem"), daí é que ele emite a Bula de 1. 537 (Hanke, 1940, p. 360) chamado Sublimis Deus e será dias depois (9 de Junho), na Bull Veritas Ipsa em que condena a escravatura dos indígenas (Hanke, 1940, p. 362), uma visão que já veio da rainha Isabel. É dado um tratamento diferente aos escravos negros, que aparecem nestas paragens desde finais do século XV, "... pela presença de europeus nas costas africanas..." (Noejovich, 2009, p. 366). (Noejovich, 2009, p. 16).

II.9.2.4 AS LEIS DOS INDIOS E A SITUAÇÃO DOS ORIGINÁRIOS

Desde o início, estas leis foram legisladas e posteriormente compiladas, conhecidas como as Leis das Índias, cujo livro VI (CENTRO DE ESTUDOS POLÍTICOS Y CONSTITUCIONALES y el Boletín Oficial del Estado, 1998) é dedicado aos "índios", no qual são formalizados os institutos legais que vieram antes do Inca-rio, como o mita (CENTRO DE ESTUDOS POLÍTICOS Y CONSTITUCIONALES y el Boletín Oficial del Estado, 1998, p. 225), regulamentado no Título V "de los tributos y tasas de los índios", na Lei iiij de 18/10/1539 e pro-mulgado pelo Imperador Dn Carlos. 225), regulamentado no Título V "de los tributos y tasas de los indios", na Lei iiij de 18/10/1539 e promulgada pelo Imperador Dn. Carlos; bem como o ayllu e as yanaconas (CENTRO DE ESTUDOS POLÍTICOS Y CONSTITUCIONALES e o Boletín Oficial del Estado, 1998, p. 226), entre outros.

II.9.2.5 SÃO SUJEITOS DO REI, MAS "ESPECIAIS"

Os "índios", como são chamados nas referidas leis, embora sejam reconhecidos como sujeitos da coroa, e "protegidos" como estabelecido na Lei vj. (ditada pelo Imperador Dn. Carlos em 16/07/1536 e que faz parte do Livro VII, Título OITAVO "dos crimes e penas e sua aplicação") (CENTRO DE ESTUDOS POLÍTICOS Y CONSTITUCIONALES e Boletín Oficial del Estado, 1998, p. 380), exigiram tutela por serem considerados rústicos ou menores (Brewer-Carias, 2007, p. 10), numa clara pretensão do que é actualmente chamado de "discriminação positiva", foram considerados "menores" (Brewer-Carias, 2007, p. 10), numa clara pretensão do que é actualmente chamado de "discriminação positiva". 380), tutela necessária para serem considerados rústicos ou menores (Brewer-Carias, 2007, p. 10), numa clara pretensão do que é actualmente chamado "discriminação positiva", são-lhes "permitidos certos privilégios", tais como serem criminalmente considerados como semi-imputáveis devido à ignorância da lei. Esta figura, a semi-imputabilidade, permanece até agora na Bolívia, regulamentada no Código Penal nas "circunstâncias atenuantes" do artigo 40, parágrafo 4), e como "erro de proibição" estabelecido no parágrafo 2) do artigo 16 (D.S., 2010). Desta forma, consolida-se uma das discriminações que já vinha de antes: as castas impermeáveis.

II.9.2.6 O RECONHECIMENTO DO ABOLENGO DOS CASTAS ORIGINAIS

As castas são reconhecidas (Livro VI, Título VII, Lei j, emitida por D. Felipe II em 26/02/1557) como dominan-tes indígenas, aos quais são ratificados os seus atributos e privilégios de nobreza (CENTRO DE ESTUDOS POLÍTICOS E CONSTITUCIONAIS e Boletim Oficial do Estado, 1998, p. 245) como estando isentas do pagamento de impostos (Livro VI, Título V, Lei xviij, emitida por D. Felipe II em 17/07/1572) e não sendo obrigadas a trabalhar como mitigadoras ou in mita (CENTRO DE ESTUDOS POLÍTICOS E CONSTITUCIONAIS e Boletim Oficial do Estado, 1998, p. 245) e de estarem isentas do pagamento de impostos (Livro VI, Título V, Lei xviij, emitida por D. Felipe II em 17/07/1572). Felipe II em 17/07/1572) e de não serem obrigados a trabalhar como mitigadores ou na mita (CENTRO DE ESTUDOS POLÍTICOS Y CONSTITUCIONALES e Boletín Oficial del Estado, 1998, p. 230); e, que, "graças a isto, não são obrigados a trabalhar como mitigadores ou na mita (CENTRO DE ESTUDOS POLÍTICOS Y CONSTITUCIONALES e Boletín Oficial del Estado, 1998, p. 230). 230); e, que "graças à articulação entre os chefes étnicos e as autoridades espanholas, tornaram-se verdadeiros PROPRIETÁRIOS DOS ÍNDIOS... (Noejovich, 2009, p. 26), numa clara justaposição de sistemas (Noejovich, 2009, p. 27). Será com a nobreza indígena que a apropriação do "excedente" continuará, agora em favor dos reis de Castela e Espanha e da nova nobreza espanhola no Novo Mundo.

II.9.2.7 MINERAÇÃO: A DIFERENÇA QUALITATIVA E QUANTITATIVA COM A PRÉ-COLÔNIA

Como foi dito no ponto II.9.1.4., Santillana aponta que na fase pré-colonial eles desenvolveram uma "economia alheia à economia de mercado clássica" (Lumbreras, Kaulicke, Santillana, & Espinoza, 2010, p. 234): a mineração tinha um significado simbólico na estrutura teocrática de poder. Por outro lado, na colônia e principalmente na Europa, os metais preciosos (ouro, prata, etc.) eram diametralmente opostos, ou seja, eram parte fundamental da economia de mercado, a tal ponto que o cronista Huamán Poma de Ayala, citado por Salazar, destacou que para a Villa Imperial de Potosí "... porque a dita mina é Castela, Roma é Roma, o Papa é Papa e o Rei é monarca do mundo e a Santíssima Madre Igreja é defendida e nossa Santa Fé salva "(Noejovich, 2009, p. 133). Potosí e Huancavelica tornaram-se o eixo da economia colonial (Noejovich, 2009, p. 110), como já havia argumentado o vice-rei Toledo antes que "os exes onde correm as rodas de toda a riqueza deste reino e a riqueza de Vossa Majestade, que vós tendes nele".

II.9.2.8 A LEI FEITA, A ARMADILHA FEITA: PODER DUPLO

Pela lei, o peso cultural dos espanhóis (dali e daqui) e a distância do centro de poder, possibilitavam dizer "segue-se, mas não se cumpre" ou "a lei se faz, a armadilha está fez" que enfraqueceu o institucionalismo e tornou possíveis usos e abusos. Um "sistema paralelo" coexistia, gerando de fato um duplo poder entre as autoridades coloniais, articulado em um sistema "iure" (Noejovich, 2009, p. 27).

II.9.2.9 TRÍADE DE POTÊNCIA: DUPLA POTÊNCIA PERVERSA

A "armadilha", dentro do quadro legal, é que se consolida uma tríade perversa de poder: "o magistrado ou autoridade civil, o sacerdote ou o representante eclesiástico e o chefe étnico ou autoridade indígena" (Noejovich, 2009, p. 28).

E o melhor exemplo dos usos e abusos do duplo poder (fez a lei, fez a armadilha; é respeitado mas não cumprido), embora permaneça uma questão de conjectura (epidemias, guerras entre os espanhóis e que arrastaram os indígenas, ou entre estes e os espanhóis, etc.), o pró-loguista Carlos Contreras afirma que o Tahuantinsuyo no ano 1.530 tinha cerca de 3 milhões de pessoas, e um século depois cerca de 600 mil sobreviveram e também algumas dezenas de milhares de escravos africanos (Noejovich, 2009, p. 15).

II.9.2.10 NA PRESENÇA DE AFRICANOS

O Livro VII, Título Cinco, intitulado "Dos mulatos, negros, índios bárbaros e filhos de índios" (CENTRO DE ESTUDOS POLÍTICOS Y CONSTITUCIONALES e Boletín Oficial del Estado, 1998, p. 360 e seguintes) legisla o segmento abaixo de todos os outros, incluindo os "índios".

Para o prólogo Contreras, a presença de escravos africanos não era sustentável para aqueles que tinham de investir capital na sua compra e eram descapitalizados para o resto do seu "adelantazgo e/ou encomienda" e era muito arriscada devido a doenças, trabalho não qualificado, etc., que não tinham com os mitimaes -mita-; por outro lado, para empresas de muito alta rentabilidade podiam dar-se ao luxo (Noejovich, 2009, p. 16).

II.9.2.11 INÍCIO DE OUTRO PROCESSO DISCRIMINATÓRIO

No tempo vivido pelos espanhóis, na Europa e em sua coexistência islâmica imposta (oitocentos anos), há um processo discriminatório diferente daquele existente a partir do reconhecimento das Castas originárias, no novo mundo; e, é a partir da legislação que se evidenciou, por exemplo, com as disposições reais editadas na primeira metade do século XVI que levavam a que "Pretos casassem com Pretos" (CENTRO DE ESTUDOS POLÍTICOS Y CONSTITUCIONALES y Boletín Oficial do Estado, 1998, p. 361), que se acentuou à medida que avançavam teorias "raciais" e os preconceitos das misturas destas tornaram-se mais complexos, a tal ponto que nesta parte do mundo se estruturaram árvores genealógicas de até 36 "misturas" (Público , 2018); Obviamente, foi dado o sentido de "degradação" quando os brancos "cruzaram" com Pretos ou índios, ou nas diferentes "misturas" entre estes.

O preconceito contra o "Preto" é real na medida em que é "evidente o dano" que ele causa quando está solto à noite, conforme estipula a Lei do Imperador D. Carlos de 04/04/1542 (CENTRO DE ESTUDOS POLÍTICOS Y CONSTITUCIONAIS e Boletín Oficial do Estado, 1998, folha 363); menos ainda que carreguem armas.

II.9.2.12 PERIGO PREDELÍCITO: VAGÂNCIA

O "ama qhilla", não seja preguiçoso, pré-colonial (Inca) é reforçado com as disposições contra a vadiagem, estipuladas no "Livro VII, Título QUARTO, dos vagabundos, e Gytanos", que já eram discriminados e perseguidos na Europa.

O conceito de periculosidade pré-criminal é que quem não trabalha rouba a qualquer momento e, antes que isso aconteça, deve ser separado e ensinado um ofício com o qual possa se manter "honestamente". Os antecedentes remontam à Peste Negra na Inglaterra (1348-1350) onde os moradores de rua começaram a ser tratados e com o passar do tempo se consolidou com a figura do ensino profissionalizante para o bem viver; na Espanha é dado com a Bull Lei de 1369 (Alonso BF, 2001, p. 173) e para o Novo Mundo, as disposições são promulgadas a partir de 10/03/1533 (CENTRO DE ESTUDOS POLÍTICOS Y CONSTITUCIONALES e Boletín Oficial do Estado , 1998, p. 359), por meio de normas legais que obrigavam que os VAGOS fossem colocados sob as ordens de "Encomenderos" de índios ou outros, para que os introduzissem no ofício e aprendessem.

Essas disposições legais foram adaptadas na era republicana na América Indo-Afro-Latina, passando de instâncias político-administrativas para exclusivamente a esfera policial (Colanzi A., Privileged Delinquency, 1985, pp.

81-82) (Colanzi A., Granja de espelhos: aberração legal ou luta de classes, 1987, p. 103 e seguintes); disposições em colisão aberta com o princípio da inocência, entre outros princípios da era do estado moderno.

Os preconceitos contra os Ciganos ensejaram a decisão de sua expulsão destas paragens, por despacho de D. Felipe II, em 11/02/1581 (CENTRO DE ESTUDOS POLÍTICOS Y CONSTITUCIONALES e Boletin Oficial do Estado, 1998, p. 360).

II.9.2.13 DOS IGUAIS JURÍDICOS AO TRABALHO REAL

A hiper-exploração da mineração implicou uma mudança de matriz económica para a colónia, "transição ... que surgiu no século XVII para entrar no século XVIII com um novo sistema de mercado ...", segundo Glave (Noejovich, 2009, p. 436); e, para isso, o índio teve de ser despojado da sua propriedade comunal, em plena vista, paciência e cumplicidade da sua casta dominante. A igualdade jurídica que lhes permitia pagar impostos com trabalho foi alterada para um tributo monetário e, já despojados das suas terras, acabaram por trabalhar, para pagar tal tributo, nas grandes propriedades que desenvolveram a agricultura em grande escala (Noejovich, 2009, p. 437). A colónia também tinha perdido o interesse em "educá-los" para os converter: tinha-os "reduzido", com excepção dos jesuítas (Córdova, 2018).

71

II.9.3 A REPÚBLICA

A partir deste ponto, a análise será limitada apenas à República da Bolívia, por razões metodológicas, sem excluir circunstancialmente outras realidades do continente indo-afro-latino-americano.

II.9.3.1 ANTECEDENTES

Lembrando a premissa de que "a lei é cumprida, mas não cumprida", ou feita a lei, fez a armadilha (ver: II.9.2.9.), O que mostra a grande fragilidade institucional já na Colônia, e que com a chegada da República tende a aprofundar se.

Ressalte-se que com o advento do Estado moderno o princípio da igualdade ganha notoriedade, a mesma que constitui a "contribuição da emergente Maçonaria com sua tríade liberdade, igualdade e fraternidade" (Feldis, 2009, p. 24). E esse princípio constituía "... a ruptura com a sociedade de classes anterior ..." (Pardo, 2011, pp. 1 - 2). Apenas princípio formal de igualdade, já que a igualdade material será o motor de um processo fundamental no século 20 e até agora no século 21. Esse processo inicia-se, principalmente, com o princípio da igualdade, que passou à lei e, a partir desta, à sua aplicação (Pardo, 2011, p. 2) e, por fim, a correspondente proibição de discriminação (Pardo, 2011, p. 5) Essa proibição expressa nos remete ao estado social, que se constitui em "... a superação do estado liberal" (Cerda, 2005, p. 4) e levou ao um maior reconhecimento do "altro" na visão do ser. social: "Eu sou na medida em que estou sendo social" (Colanzi A., Criminological Search, 1995, p. 93).

Este raquitismo institucional republicano congénito, embora comece na Colónia, tem qualidade de cidadania na República, devido às suas contradições entre o Direito e a Realidade, uma vez que a Lei geralmente vinha dos antigos colonizadores e não obedecia às realidades das novas repúblicas, que pretendiam cumprir através da Lei, com a função de "homogeneizar" idealmente a verdadeira heterogeneidade social da base estrutural (Santos & Garcìa, 1977, p. 274), resultando numa heterogeneidade social da base estrutural (Santos & Garcìa, 1977, p. 274), com o resultado de que a heterogeneidade social das novas repúblicas não era uma realidade, mas uma realidade (Santos & Garcìa, 1977, p. 274). 274), resultando num personagem fictício e fingindo preenchê-lo com uma abundante e grande produção legislativa que não substitui a ausência de um projecto hegemónico na sociedade civil (Lechner, 1977, p. 144): isto conduz à hemorragia legislativa que nos caracteriza.

Esta contradição entre a produção do direito e a realidade é exacerbada pela nova abordagem introduzida pelo contrato social republicano, uma vez que um direito único e comum só pode existir entre "livre e igual" (Evers, 1985, p. 150), e esta qualidade não é possível enquanto não houver

73

igualdade na "vida ou morte... alimentação, trabalho..." (Espinal, 1988). (Espinal, 1988).

O Mestre Raúl Zaffaroni, em 1988, numa aula dada na Universidade de Zulia, recordou José María Rico (estudioso e investigador do ILANUD), que salientou que os códigos latino-americanos foram elaborados por cartas dos antigos centros colonizadores do poder, acrescentando que muitos deles estavam "perdidos"; é também necessário acrescentar que muitos estavam "mal traduzidos" (Colanzi A., Pesquisa Criminológica, 1995, p. 79). Com isto, é importante destacar outra contradição: Centro-periferia.

II.9.3.2 DISCRIMINANDO O INÍCIO DA REPUBLICANA

Complementando o que foi visto no ponto II.7.6., Pode-se afirmar que no século XIX, todas as teorias justificativas da discriminação se consolidaram na Europa, como se vê nos pontos II.7. e II.8., nestas partes do continente americano ocorrem os processos de emancipação do poder dos reinos da Europa, e que tiveram visões diferentes, fundamentalmente a iniciada na atual Argentina (Congresso de Tucumán de 1816), onde propôs-se restabelecer a dinastia dos Incas (Justo, 1967, p. 8) defendida por San Martín mas detida pela avalanche libertadora de Simón Bolívar que, por sua vez, defendeu os conceitos republicanos com forte influência dos autores franceses. Ambas as visões, que proclamavam "igualdade", reproduziam privilégios discriminatórios.

Será Antonio José de Sucre, delegado de Bolívar e criador da Bolívia, quem produzirá uma maior qualificação discriminatória nos processos políticos eletivos, não observada na colônia indo-latino-afro-americana, aprofundando outra contradição: o voto qualificado versus o princípio de igualdade.

As Leis das Índias, em seu Nono Livro (VIIII), Título 46 (QUARENTA E SEIS) intitulado "Dos Consulados de Lima e do México", legislando as diferentes formas de eleição de Prior, Cônsul e Deputado, ambos nos eleitores e nos eleitos, a qualidade de leitura e escrita não aparece, pelo contrário, indica expressamente que "não ser advogado" (CENTRO DE ESTUDOS POLÍTICOS Y CONSTITUCIONALES e Boletin Oficial do Estado, 1998, pp. 542 a 545) Mas, será Antonio José de Sucre, em seu Decreto de 9 de fevereiro de 1825 de convocação para a Assembleia Constituinte, quem introduzirá a qualidade eleitoral de "... ou ser professor de alguma ciência ..." (Ramos, p. 174), e que só beneficiou uns poucos privilegiados. A leitura e a escrita para os "índios" ocorreram apenas no início da Colônia, devido à visão cristã da lei natural e da opção do "batismo ou conversão" detalhada no Livro VI do T II (CENTRO DE ESTUDOS POLÍTICOS Y CONSTITUCIONALES e Boletin Oficial do Estado, 1998), e que caiu em desuso nos últimos séculos da colônia; e obviamente excluiu esta qualidade para escravos de origem africana.

A medida de AJ de Sucre chama a atenção porque já na República, a qualidade da CIUDANANIA e a capacidade de tomar decisões políticas tinham essa característica, mantendo na situação de casta quem passasse a "ter bens ou rendimentos legais, saber ler e escrever ", excluindo índios e Pretos.

Esta qualidade, de leitura e escrita, é um bom parâmetro para medir esta situação (Colanzi A., Voto discriminatório vs. voto igual, 2014, p. 36 et seq.), Assim, por exemplo, no início do século XX. na Bolívia tinha pouco mais de 1 milhão e meio de habitantes (Iño, 2009) e apenas 2,86% (Colanzi A., voto discriminatório vs. voto igualitario, 2014, p. 36) são eleitores, ou seja, 43.000 cidadãos, como aponta Carlos Toranzo na introdução de um estudo multissetorial (Campero, 1999, p. 4), figura extremamente relevante segundo Carlos Gerke e Gonzalo Mendieta por constituir um elemento essencial da "cidadania" (Campero, 1999, p.. 387.388), pois significaria que apenas um em cada cinco cidadãos sabia ler e escrever (Campero, 1999, p. 483).

No século XX, as mulheres foram revertendo isso quando alcançaram a emancipação de seus pais e maridos, para finalmente ganhar o voto em 1945 apenas para as eleições municipais de 1947 (Alvarez M., 2011, p. 13), mesmo sendo qualificada voto (patrimônio próprio, saber ler e escrever,

76

etc.). Foi em 1904 que as mulheres puderam trabalhar nos correios, com autorização expressa e individual do Presidente da República (Campero, 1999, p. 5) e só em 1917 é que foram inaugurados os colégios para moças. escolas secundárias e escolas normais para mulheres., ainda não nas universidades (Campero, 1999, p. 487).

As concepções da casta dominante já estavam grávidas de valores eurocêntricos: uma simbiose discriminativa de "raças e classes inferiores".

Nessa linha de casta dominante, o filho de uma dupla nobreza, espanhola e indígena, pode ser concebido como o marechal de Zepita (Fernández, 1989).

II.9.3.3 DISCRIMINAÇÃO DA CONSTITUIÇÃO INICIAL

Antonio José de Sucre reproduziu um "valor médio" de sua época, e sua medida não foi isolada, já que Simón Bolívar o fez na mesma linha, pouco depois, quando proferiu seu discurso na Assembleia Constituinte em 25 de maio de 1826, em que ele derramou os valores eurocêntricos prevalecentes como a menção de que existem "povos cultos ou ilustres" equivalentes a virtuosos e honestos diante de criminosos, ociosos e ignorantes, a fim de justificar o governo dos "Capazes" que "professa uma ciência ou uma arte" como requisito para ser eleito (Rojas, 2015); Ou seja, saber ler e escrever, além de "garantir uma alimentação honesta" que significa não ser empregado ou empregado doméstico. Além disso, mostra sua visão megalomaníaca ao se afirmar, por ser presidente vitalício como o "sol" que dá vida ao universo e sobre o qual giram os homens e as coisas, à semelhança de Luís XIV: Eu sou o Estado.

Embora "condene" a escravatura no seu discurso perante a Constituinte, propõe na 1ª Constituição que "ele" redija e que seja aprovada, que declare cidadãos "livres" aos que foram escravos, embora "... Não serão capaz de sair das casas dos seus antigos senhores, salvo na forma que a lei especial o determinar ", definida no inciso 5 do artigo 11 da Constituição de 1826 (portal Lexi Vox), embora essa Lei nunca tenha sido promulgada: fez a lei, fez a armadilha.

Uma que Bolívar se reconhece liberal (no Discurso perante a Assembleia Constituinte) e proclama a igualdade dos bolivianos (artigo 148 do CPE de 1826), será nesta mesma constituição que ele discriminará os ilustres, aqueles que eles praticam não sabem ler, escrever e não dependem da renda de "empregada doméstica", pois não podem ser considerados "cidadãos" (art. 14 do CPE de 1826) e, portanto, não terão acesso público escritório (artigo 17 do CPE de 1826). Feito a lei, feito a armadilha.

Esta gestão contraditória e ao mesmo tempo retardadora do fim da escravatura tomou outro rumo na Constituição de Manuel Isidoro Belzu de 21 de setembro de 1851 (portal Lexi Vox), 43 anos após a independência.

II.9.3.4 ABOLIÇÃO LEGAL DE ESCRAVIDÃO

É no artigo 1º que, no CPE de 1851, sem derivar em qualquer lei especial, é proclamado que "a escravatura não existe e não pode existir..." na Bolívia. Para Duchén isto foi de facto abolido (Duchén, 2020), tal como Eugenia Bridikhina (Bridikhina, 2009). De facto, a escravatura continuou, como Erland Nordenskiöld (Colanzi L., 2018) experimentou no início do século passado, principalmente em relação às crianças.

Embora houvesse também um avanço em termos de não exigir leitura e escrita para ser eleito, o património foi mantido.

II.9.3.5 REVOLUÇÃO NACIONAL DE 1952: VOTO UNIVERSAL E IGUALDADE

O chamado constitucionalismo social começa com o CPE promulgado por Germán Busch em 30 de outubro de 1938 (Colanzi A., Voto discriminatório vs. voto igual, 2014, p. 15) e esta qualidade implica, em tese, que "... o social Estado é a superação do Estado liberal ..." (Cerda, 2005, p. 4). Apesar disso, neste CPE, no número 3. do artigo 44, mantém o voto qualificado e a exigência de saber ler e escrever.

Serão necessários 15 anos desde o início do "constitucionalismo social" para o salto liberal de "reconhecer" o Estado "social liberal" como "garante" e tornar-se um "...agente activo da mudança social..."

(Colanzi A., Búsqueda, 2005, p. 4). (Colanzi A. , Criminological Search, 1995, p. 93).

Já não será através da transformação constitucional, mas sim através do Decreto Supremo n° 3128 de 21 de Julho de 1952 (1952), que o voto qualificado é destruído e a igualdade dos bolivianos é avançada: o voto universal (artigo 1°). Será histórico, não só devido à qualidade alcançada, mas também porque um Decreto Supremo (emanado do Poder Executivo) modifica a Constituição Política do Estado.

Embora antes ou depois desta D.S. ainda houvesse situações de servidão, como mencionado pelo compositor Godofredo Núñez na sua canção "Camba" (Núñez) quando ele, o camba, pediu o seu pagamento, o chefe mandou chicoteá-lo com "arrobitas" (a arroba é uma medida de peso equivalente a 11, 333 kgs.) para depois o mandar embora ou expulsá-lo. O mesmo acontece com as fraudes dos empregadores, contando o que os seus trabalhadores pediram em troca de salários (que nunca receberam, mas em espécie) e apenas o empregador escreveu (Molina, 2013, p. 127). Numa entrevista com um conhecido escritor de contos e romances como Alberto Descarpontriez Treu (Descarpontriez, 2019), salientou que em 1957, testemunhou um diálogo entre os "peonada" (trabalhadores agrícolas) que comentaram o que estava a acontecer em muitas propriedades, localizado entre o que hoje são as províncias de Ichilo e Sara, quando o patrão tirou as contas, numa "avivada" (batota) contou e disse-lhe "...o que me perguntou, mais o que comprei e o que lhe dei (o mesmo, somado a três), está a dever-me muito; isto normalmente forçou-o a trabalhar para toda a vida e a dívida foi herdada pela sua família. A lei foi feita, a armadilha foi feita.

II.9.3.6 A INFLUÊNCIA CRIMINOLÓGICA LOMBROSIANA NA AMÉRICA INDO-AFRO-LATINA

A influência eurocêntrica em nossa América Indo-Afro-Latina, personalizada no positivismo de Lombroso, torna-se evidente no século XX. A disciplina de Criminologia é obrigatória em quase todas as universidades da carreira de Direito e também de Sociologia. Nesta matéria, Lombroso ocupa um lugar qualitativo e quantitativo muito importante, visto que, nas suas abordagens, e combinadas com os seus seguidores e reprodutores da sua teoria como Ferri (sociológico) e Garófalo (psicológico e cultural), geram-se veios abundantes de reprodução em estudos como as visões da psicologia biológica, antropológica e criminal.

Em um continente profundamente desigual que carrega defeitos de casta historicamente acumulados, e culturalmente dependente do conhecimento eurocêntrico, uma vez que as variáveis se combinam para que o pensamento positivista lombardo ocupe um lugar de "verdade absoluta" e permita direcionar a "aplicação da lei" com dita carregar.

Huascar Cajías, advogado pós-graduado na Itália e o mais renomado professor de criminologia do século XX na Bolívia, publicado pela 1ª vez em 1943, e na 5ª edição (Cajías, 1997) e na 12ª. Reimpressão de 1997 (e múltiplas reimpressões pirateadas), das 627 páginas de seu livro, ele dedica apenas 9 (Cajías, 1997, pp. 81 a 89) para mostrar pejorativamente as correntes sociológicas europeias e norte-americanas (Sutherland - crime do colarinho branco - e Merton -funcionalismo estrutural-) que contradizem a visão positivista. Ele dedica apenas dois parágrafos ao erroneamente denominado Clássico iniciado por Beccaría (Cajías, 1997, p. 56) como parte dos antecedentes históricos anteriores ao positivismo; e, em vez disso, para o positivismo, o resto de seu livro.

Em 1965, na Venezuela, foi publicada pela primeira vez "Introdução à Criminologia" do Professor Elio Gómez Grillo (Gómez Grillo, 1979), que dedicou 3 páginas ao "classismo" (Gómez Grillo, 1979, pp. 99 a 102), os próximos 3 para criticá-lo, e o resto de 460 páginas é dedicado ao positivismo e sua aplicação na Venezuela.

Em 1979 a obra do professor Luis Rodriguez Manzanera foi publicada pela primeira vez no México (Rodriguez, 1981), ele dedicou a Beccaria das páginas 194 a 197 entre os precursores e às páginas da escola clássica. 234 a 238, o restante de suas 540 páginas é dedicado ao desenvolvimento do positivismo e sua aplicação ao México.

Já antes, haviam traduzido o positivista italiano mais extremo como Niceforo (Niceforo, 1954), tornando-se uma obra de referência.

A produção criminológica positivista em Indo-Latina e Afro-América é abundante.

II.9.3.7 DO EUROCENTRISMO, A CRÍTICA RESPONDE AO POSITIVISMO NESSES LARES

É preciso lembrar que na década de 80 houve uma grande produção crítica criminológica, também conhecida como materialista, nova, radical ou sociopolítica. Lola (Lolita) Aniyar de Castro com sua "criminologia da reação social" (Aniyar, 1977) e Rosa del Olmo com "ruptura criminológica" (Del Olmo, 1979) tornaram-se as pioneiras de uma geração que produziu uma importante corrente principalmente em décadas de 80 e 90, criando pós-graduações em criminologia e direito penal e uma extensa produção teórica.

A fraqueza desse movimento foi ou está em sua oposição (antítese) ao positivismo, ambos transpostos da realidade eurocêntrica (capitalismo industrial). É por isso que ambas as tendências foram chamadas de "primeira geração" (Colanzi A., Criminological Search, 1995, p. 83); para depois concordar com Sandoval, que na Indo-Latino-Afro-América não há criminologia própria (Sandoval, 1985, pp. 6 - 7) e sim, a necessidade imperativa de construí-la (Colanzi A., Criminological Search, 1995, p. 84). É importante reconhecer que, depois de vários anos, a discussão foi retomada fundamentalmente da Argentina; será a análise dessa produção que dirá se ela vai na direção da geração criminológica indo-latino-afro-americana.

II.9.3.8 O ESTADO SOCIAL "GARANTIA" E A REALIDADE: TENHO A LEI ...

Apesar de, como já foi salientado, a Bolívia seguir o constitucionalismo social desde 1938, e de a actual Constituição, como vimos, "garantir ...a protecção e igual dignidade das pessoas..." (Artigo 9), a não discriminação e os ataques à dignidade dos seus cidadãos ainda não foram erradicados. (Artigo 9), a não discriminação e os ataques à dignidade dos seus cidadãos ainda não são erradicados, aprofundando a miséria institucional e a premissa histórica de "obedecidos mas não cumpridos", ou, mais simplesmente, de "a lei é feita, a armadilha é feita".

Dever-se-ia olhar para os relatórios do Conselho dos Direitos Humanos das Nações Unidas, após a nova constituição (aprovada em outubro de 2008; e promulgada em fevereiro de 2009). No relatório de março de 2009, na Seção II "Situação dos direitos humanos", seção D. "Povos indígenas", número 1. "Direitos dos povos indígenas", no parágrafo 48 afirma que "... a população indígena é a mais afetada por pobreza extrema. "; e que o Relator (parágrafo 50) apresentou seu relatório ao governo nacional em junho de 2008, no qual enfatiza que deve lutar contra "... as relações desiguais que existem entre as populações indígenas e não indígenas"; e, o número 3. Servidões e formas contemporâneas de escravidão, estabelece no parágrafo 55 entre julho e outubro de 2008 "... constatou que um grande número de pessoas ... continua a ser submetido à servidão e outras formas contemporâneas de escravidão", e acrescenta no parágrafo 57 que recebem o salário em espécie (alimentação e roupas) sempre acabando devedores e apegados aos familiares que herdam a dívida, e que nem eles nem seus filhos têm horário, complementando no parágrafo 58 que não têm acesso, em razão de sua condição de servidão, à propriedade privada ou coletiva (Direitos Humanos, Nações Unidas, 2009).

No relatório de 2012 (Direitos Humanos, Nações Unidas, 2012), na Seção III Situação dos Direitos Humanos, ponto A das Políticas Públicas contra o Racismo e a Discriminação, indica no parágrafo 12 que entre 2012 e 2015 houve denúncias de mais de 100 casos. No parágrafo 15 do ponto B sobre os afro-bolivianos, indica que "... ainda existem limitações em ... saúde, educação, habitação e alimentação ... em particular de mulheres, meninos, meninas e adultos mais velhos". E, em relação aos povos indígenas, nas seções 2, 3 e 4, eles observam que "... mesmo com marco jurídico específico ...", em relação ao direito de consulta e consenso (lembre-se o que se refere ao abolição da escravatura e legislação específica). Observar o manejo do TIPNIS (Terra Indígena dos Povos Naturais de Isiboro

Sécu-re) em que, além de não fazer a consulta (parágrafo 16), houve "... uso excessivo de força contra os manifestantes ... inclusive mulheres, crianças e raparigas... "resultando em ferimentos"... 70 pessoas, incluindo crianças... ", além"... 250 manifestantes foram detidos durante 17 horas, transferidos... "(parágrafo 22); e, assinala que "...altos chefes de polícia e funcionários governamentais, incluindo o antigo Ministro do Governo, alegadamente participaram no planeamento e execução da operação" (parágrafo 23). Além disso, "ainda não foram implementadas medidas eficazes para a protecção dos povos indígenas altamente vulneráveis", sobre os quais manifestam a sua preocupação "...pela grave deterioração das condições de alguns destes povos..."; salientam aqueles "...afectados por doenças evitáveis, como a tuberculose" (parágrafo 27). E, o mais grave (parágrafo 28) é que "...há uma preocupação persistente com a falta de ... apoio .... às comunidades ... sujeitas à servidão" (já observado em 2009).

No recente relatório de 2018 (DD.HH, Nações Unidas, 2018), no Sumário Executivo, em sua Seção 6. Discriminação ... sobre minorias nacionais / raciais / étnicas, é estabelecido que "... Afro-bolivianos rurais ... experimentam o mesmo tipo de problemas e discriminação que os indígenas..." também rurais, acrescentando que "... a discriminação trabalhista era comum e que os funcionários públicos, em particular a polícia, os discriminavam na prestação de serviços", acrescentando que "o governo pouco se esforçou para resolver essa discriminação". Quanto aos "Povos Indígenas", indica que "... eles continuaram a ter uma parcela desproporcional de pobreza e desemprego" e que "... a educação e a saúde não estavam disponíveis para muitos grupos indígenas que viviam em áreas remotas"; além disso, que "as terras indígenas não foram totalmente demarcadas e a reforma agrária continuou sendo um problema político central", e que, "Apesar das leis que ordenam a realocação e titulação de terras ...", como as dos "ayllu , que não recebeu reconhecimento legal durante a transição para as leis de propriedade privada ", processo que"... não foi concluído ". Quanto ao TIPNIS, indica que "... o governo estava promovendo políticas que levariam à expropriação de suas terras ancestrais e que não respeitavam a constituição". Na subseção b. A proibição do trabalho forçado ou obrigatório afirma que "as populações indígenas eram especialmente vulneráveis ao trabalho forçado no setor agrícola". Na subseção d. Discriminação a respeito de emprego e ocupação, indica que "... casos credíveis de discriminação trabalhista contra indígenas, mulheres, afro-bolivianos ...".

II.10 INSUFICIÊNCIA DE EXPLICAÇÃO

Tendo abordado a presente investigação a partir de uma perspectiva tetralética (religiosa, cultural, econômica - materialidade- e política -poder-), na busca de uma explicação consciente e responsável da formação e transformação, para alcançar relevância diante do que existe, em um plano totalizante e em interação das qualidades do todo, conclui-se que não foram geradas investigações suficientes para explicar o icosakaitrigon de contradições (dicotômicas) que seguem: 1. Dignidade - Discriminação; 2. Beleza - feiura; 3. Branco - Preto; 4. Bom - Ruim; 5. Superior - Inferior; 6. Normal - anormal; 7. Luz - Escuridão; 8. Puro - Impuro; 9. Deus - diabo; 10. Ordem - Caos; 11. Amigo - inimigo; 12. Razão - Sem razão (corpo); 13. Colonialismo - Nacionalidade; 14. Centro - Periferia; 15. Progresso - Atavismo; 16. Civilização - barbárie; 17. Valores médios - valores extremos; 18. É cumprido - Não é seguido; 19. Lei - Armadilha; 20. Direito - Realidade; 21. Igualdade formal - Igualdade real; 22. Reconhece (liberal) - Garantias (social); e 23. Voto qualificado - voto igual.

Por causa disso, é que, no próximo capítulo, uma abordagem será feita para outra visão ou explicação para a abordar.

DISCRIMINAÇÃO

O que Michel Foucault não disse sobre "Racismo"

89

CRIMINOLOGIA, DISCRIMINAÇÃO, COMPONENTES E CARACTERÍSTICAS

Os direitos e garantias do cidadão estão formalizados na Constituição, de modo que sua violação ou infração passa a ser o negativo para criminalização. A dignidade é um direito humano garantido e a sua violação, na área da discriminação em razão da cor da pele, define a sua dimensão criminológica. O positivismo criminológico, a partir de Cesar Lombroso, parte da individualidade para explicar e propor políticas criminais. A Constituição também determina a descolonização; e, como foi desenvolvido no Capítulo II, as categorias raciais e suas derivações de racismo ou racial são construções coloniais e eurocêntricas.

Portanto, se o processo criminológico-lógico é considerado como objeto de estudo em decorrência da discriminação pela cor da pele, para contribuir com sua superação, é necessário influenciar esse processo criminológico baseado na individualidade e, assim, gerar uma nova visão da política criminal.

Neste capítulo, categorias, componentes, características e variáveis são desenvolvidas para contribuir com o antigo desejo de elaborar um modelo teórico a partir de e para a Indo-Latino-Afro-América, que permite enfrentar a complexa caracterização da criminologia em geral e da discriminação por cor da pele, em particular; Portanto, seus componentes fundamentais e suas relações dialéticas serão especificados; que permitirá enfrentar a discriminação, dentro do objeto especificado anteriormente no capítulo I.

A visão complexa (holística, dialética e sistêmica) permitirá explicações conscientes e transformadoras do social e responsável na formação acadêmica, de forma a ser relevante para o que existe. É desenvolvido neste capítulo.

III.1 SERES SOCIAIS, SOMOS

É importante superar a dicotomia reducionista do indivíduo vs sociedade como categorias exclusivas: somos seres sociais em interação. A partir disso, há um rearranjo na cosmovisão e epistemologia complexa, para abordar o social e especificamente o criminológico, no qual temos necessariamente de apontar.

III.1.1 As visões holística e dialética contra a falsa dicotomia Indivíduo vs. Sociedade

"Eu sou tanto quanto estou sendo social" (Colanzi A., Búsqueda Criminologica, 1995, p. 93): desde levantar no início do dia, arrumar, vestir, olhar no espelho para finalizar detalhes de aparência, é feito de acordo com a interação social diária com OUTROS; mesmo o limite natural que é a morte, é aliviado com a transcendência através dos filhos, os fatos e memórias que perduram nos OUTROS.

Opõe-se à premissa forçada da INDIVIDUALIDADE do positivismo epistemológico, resultado e reforçado pelo "livre arbítrio" judaico-cristão transformado em "racionalidade": o eu -individualmente- decide ser bom ou mau, ou o nascimento o determina.

Se essa premissa for aceita, o crime deve ser reconceituado necessária e obrigatoriamente, principalmente o conceito de "corresponsabilidade social" (na sua dupla visão: sociedade política-poder formal- e sociedade civil -reprodutiva-); ainda mais se a existência de "valores médios" for aceita como um produto de uma inter-relação de poder, como será considerado mais tarde.

É por isso que a categoria do SER SOCIAL passa a ser fator ordenador no processo de desconstrução da discriminação pela cor da pele, erroneamente denominada "racista", que se constitui em uma das maiores indignidades humanas da atualidade.

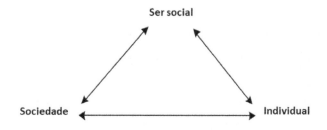

A aceitação da categoria chamada SER SOCIAL é um produto da visão de totalidade holística e síntese dialética diante dessa falsa e perversa dicotomia sociedade vs. Individuo, conforme mostrado no diagrama anterior.

III.1.2 A antítese reproduz o que você deseja negar? A necessidade de uma visão holística e sintética

¿A negação de "racial" constitui uma reafirmação disso? Quando "racismo" é condenado ou punido, ele se reproduz per se? Se a ANTÍTESE está grávida da TESE, porque responde em relação a ela (não é o seu oposto absoluto ou radical): fá-lo desde a perspectiva da TESE. Por este motivo, qualquer proposta de SÍNTESE (negação da negação), fará referência ao processo (tese e antítese), o que implicaria reproduzir parte do negado, embora introduzindo modificações. Deve-se ter em mente que, na linguagem, em todas as suas formas comunicacionais, ela não é apenas um sistema de comunicação ou transmissão de informações, mas "um sistema de convivência na coordenação de desejos, sentimentos, ações"; e será nesse nível psicossocial ou microssocial, que também deve ser alcançado.

Por isso, é importante não reproduzir a categoria denominada "anti-racismo" e avançar para uma visão sintética e holística: a discriminação pela cor da pele.

III.1.3 Obrigação de um novo objeto de estudo adequado à visão constitucional

Um novo objecto de estudo da criminologia, com o mandato de descolonização, implicaria a modificação do direito penal e uma nova política penal, a partir da realidade de nossa Indo-Latino-Afro-americana, com ênfase em nossa Bolívia. Este novo objecto de estudo deve descolonizar não só a indignidade que colocamos como problema, não pelo simples fato de sermos eurocêntricos, mas pela diversidade de cores de pele de nosso povo, em sua maioria atolado na pobreza; Também, porque é a partir dele, do código penal, que se reproduzem as estruturas que sustentam essas ignomínias discriminatórias, a partir da existência de Crimes contra o ESTADO, que é uma contradição liberal que arrasta ou é resquício de SOBE-RANO-KING: o estado sou eu; E, se o estado é tudo, o "assassinato" (caso extremo) afeta apenas pessoalmente e não coletivamente? Priorize o USO do poder na América Indo-Latino-Afro-americana.

III.2 O NOVO OBJETO DE ESTUDO CRIMINOLÓGICO DE - E PARA - INDO-LATINO-AFRO-AMÉRICA

A contradição produzida entre as leis existentes com uma forte visão cultural da individualidade é confrontada com a categoria do ser social, e permite visualizar as contradições que elas contêm, como também aqueles valores médios que se opõem a uma visão de totalidade. quanto ao gerenciamento de energia em relação à categoria anti-social; conforme mostrado na figura seguinte:

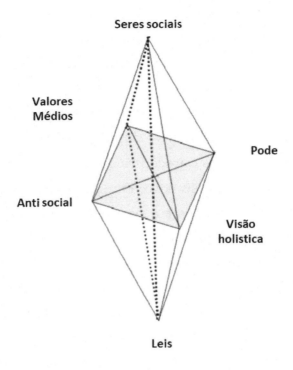

III.2.1 ANTISOCIAL

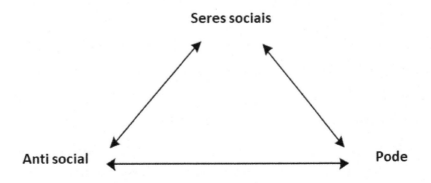

Se for argumentado que antes que a cosmovisão da individualidade emerja como resposta de totalidade e síntese a do SER SOCIAL, esta categoria possibilitará reverter a categoria anti-social ligada ao lumpem e marginalizados (furto, roubo, palomillo, clefero, etc.) redimensionamento em direção ao que afeta e vai contra o bem comum -o dos seres sociais-, entendendo-o como os direitos coletivos ou gerais que permitem o desenvolvimento integral em harmonia com a dignidade comum; e, terá como objetivo controlar, equilibrar e regular em profundidade o uso do poder, seja ele político, econômico ou social. Será um "ataque ao Estado", traduzido nas comunidades de SERES SOCIAIS: cidadania; entendendo que essas comunidades de seres sociais são o sentido e objeto de qualquer estrutura de Estado ou servidores públicos de seres sociais, da comunidade soberana -de comunidades- de seres sociais, e não mais na dimensão do que afeta apenas aqueles que temporariamente o são. na função de governo por mandato desses seres sociais, exceto se forem tomadas como um atentado aos direitos coletivos -políticos- do cidadão soberano; e porque, além disso, é constituído em uma resabio do antigo soberano = rei = estado.

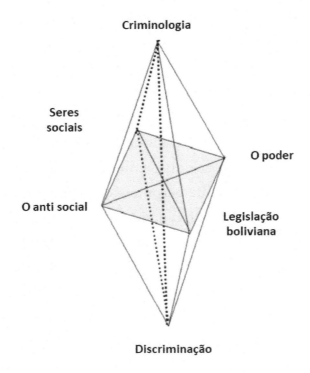

Criminologia

Seres
sociais

O poder

O anti social

Legislação
boliviana

Discriminação

Nessa bipirâmide precedente, observa-se que é no campo da criminologia que ocorre a discriminação, como principal contradição; e, por sua vez, a categoria SER SOCIAL reordenaria a visão e gestão do poder em relação a uma reconceituação do ANTI-SOCIAL, o que por sua vez deveria influenciar modificações na legislação boliviana.

III.2.2 VALORES MEDIOS

Os direitos coletivos e comuns, que permeiam as diferentes estratos sociais, devem ser os mais protegidos: meio ambiente, direitos culturais, valores democráticos e credibilidade institucional ou direitos políticos, etc. Este é um processo de desconstrução (descolonização) e construção (a partir da nossa materialidade) psicossocial a partir da individualidade do SER SOCIAL e sua relação com o pensamento coletivo, e vice-versa, é permanente.

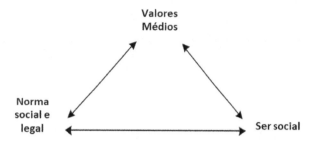

É nesta esfera que as relações de poder se manifestam e operacionalizam, sendo construídas a partir de normas sociais, morais, éticas e legais. A discriminação por cor da pele é reproduzida nesta área; conforme visualizado na pirâmide acima.

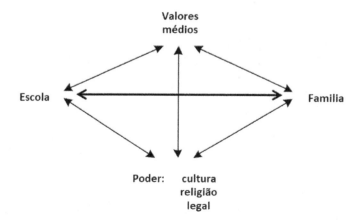

Na bipirâmide anterior são mostradas as engrenagens da estrutura social (formal: legal; não formal: cultural e religiosa) e seus mecanismos de reprodução de valores médios como família e escola. São os mesmos mecanismos que devem ser reorientados na descolonização e reconstrução dos valores médios que se elevam.

Os valores médios também foram relacionados aos "graus de inteligência", para justificar o interesse na maioria inter-relacionada e não aos extremos excluídos, como nos mostra o seguinte "índice":

III.2.3 O PODER

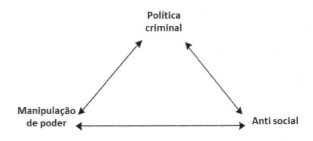

Em sociedades como essas (altamente politizadas por profundas diferenças sociais), o acesso ao poder deve ser extremamente regulado, desde votos de garantia para o cumprimento das ofertas eleitorais, controle do meio ambiente, democracia interna para a eleição dos atores eleitorais: tudo eleito e / ou o alto funcionário público deve ser transparente e responsável. A política criminal deve controlar mais quem exerce o poder, pois são sociedades com estruturas econômicas, sociais e culturais muito díspares, profundas distâncias sociais e de fácil utilização do poder na reprodução dessa disparidade e distâncias.

Se o objetivo principal é regular a GESTÃO DE PODER, então deve-se exigir, por exemplo, que todo mandato de função pública seja garantido (sua gestão transparente) com:

a) bilhetes de garantia;

b) controles anteriores (comportamento econômico decenal) ao assumir e pós-poder;

c) controle de dez anos do ambiente em que assume o cargo;

d) proposta eleitoral controlável e exequível (em caso de subida ao poder ou de oposição incidente) de forma que não seja um SCAM social ou ERRO de mandato;

e) remover os crimes tradicionais contra o Estado e colocar o USE do poder para fins não comunitários (ataques contra direitos comuns ou coletivos);

entre outras propostas.

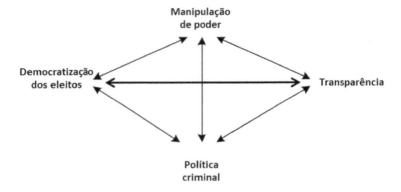

III.2.4 A VISÃO DE TOTALIDADE E SÍNTESE

O que reproduz a colonialidade, os eurocentrismos ideológicos e as doutrinas discriminatórias e ultrajantes é o que não deve ser reproduzido e deve ser desconstruído, para construir a partir da materialidade indo-latino-africano-americana, com uma visão holística e dialéctica, que envolverá a combinação de contribuições teóricas que, embora geradas em latitudes e visões de mundo diferentes das nossas, podem contribuir para o processo do novo objecto de estudo da criminologia.

Para salvar as contribuições norte-americanas tais como Sutherland, a escola ecológica ou Merton, entre outras; além disso, todas aquelas que contêm uma abordagem sócio-política e que também provêm do eurocentrismo. Este esquema de complementaridade e totalidade é ilustrado da seguinte forma:

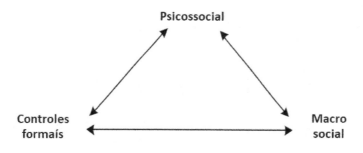

Em uma sociedade díspar não pode haver propostas "gerais" apenas contra os pobres e diferentes na cor da pele; daí a necessidade de enfocar e gerenciar uma visão complexa e holística, tal como ser:

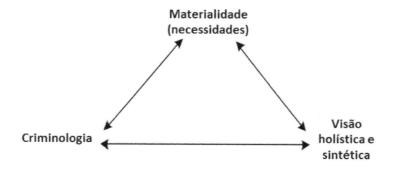

III.2.5 O ESBOÇO DO NOVO OBJETO DE ESTUDO DE CRIMINOLOGIA

O esquema que se propõe a enfrentar também a indignidade da discriminação pela cor da pele, bem como a nível genérico a construção de um novo objeto de estudo de uma criminologia complexa para e da Indo-Latino-Afro-América, é assim representado graficamente. Formato:

E também desta outra forma:

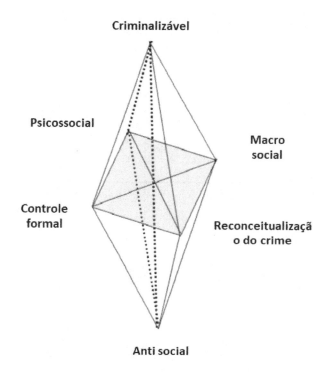

Criminalizável

Psicossocial

Macro
social

Controle
formal

Reconceitualizaçã
o do crime

Anti social

III.2.5.1 O CRIMINALIZÁVEL, O VELHO E O NOVO

A conjunção do que foi criminalizado (o existente, com modificações) e do que deve ser incorporado para controlo (o redimensionamento penal do uso do poder), permitirá a construção de um novo conceito de crime, que, a partir dele, os programas de estudo tanto da Criminologia como do Direito Penal devem ser modificados e, implicará, a redefinição da política criminal a nível central, departamental e municipal. Aqui é apropriado introduzir a análise do conceito de Concorrência (sendo o mesmo assunto tanto vítima como vitimizador) que Christopher

Birkbeck colocou em discussão; ainda mais em Estados com profundas desigualdades e muitas vezes falhados, como o nosso.

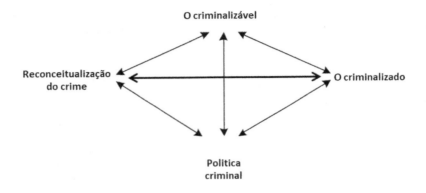

III.2.5.2 OS NÍVEIS A COBERTAR

Na concepção holística e de inter-relação dinâmica e dialética, os níveis se comunicam e se interrelacionam dinamicamente; Vejo:

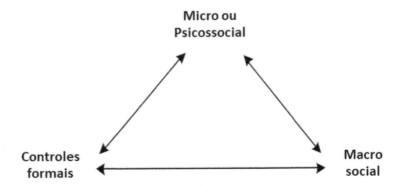

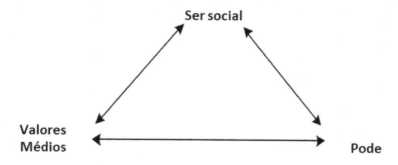

¿Como é que o ser social recebe, concebe e devolve no e do ser social os valores médios? ¿Qual é o papel e função do sistema educativo na difusão e reprodução dos valores médios na visão do ser social?

¿O uso ou abuso de poder é percebido ou reproduzido?

¿A condição de cidadão, de obrigações e direitos, como é recebido e como regressa na sua condição de ser social, com os outros e com aqueles que exercem o poder? Existem roteiros claros, acessíveis e possíveis de acesso na relação do ser social cidadão com o aparelho da função pública? Nas políticas públicas, na sua difusão e implementação, existe acessibilidade para o ser social cidadão? ¿O cidadão acredita na sua institucionalidade? ¿Como se mede esta credibilidade e como se revertem os graus de incredulidade?

Estas e outras respostas são as que devem ser priorizadas e respondidas na materialização do Antisocial como um uso negativo do poder, que deve ser criminalizado. É a este nível que devem ser analisadas as estruturas não formais de controlo tais como a educação, as normas sociais, morais e éticas e a sua tradução para a língua reproduzida em valores ou vice-versa.

III.2.5.2.2 AS ESTRUTURAS DE CONTROLE FORMAL

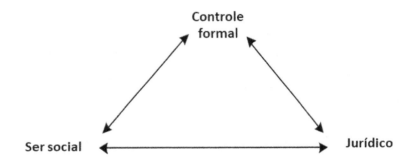

Se os órgãos de controle social (polícia geral ou municipal, Ministério Público, administração da justiça) geram temores no nível micro ou psicossocial e não há ajustes, alguém deve ter responsabilidade criminal: o controlador deve ser controlado -regulado criminalmente. A tentação para o despotismo intrínseco ou natural do poder, deve ter vias de controle e ajustes permanentes, para minimizar e reduzir essa tentação.

Se o cidadão social não recorre a quem por lei é chamado a tutelar ou restaurar o seu património jurídico que sofreu dano, porque o considera pior, ou será extorquido ou não haverá restauração, significa que o POWER não está cumprindo com seu mandato e deve haver responsabilização criminal.

III.2.5.2.3 O MACROSOCIAL OU SOCIOPOLÍTICO

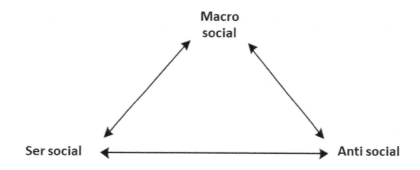

¿Como legitimam (traduzem, materializam, concretizam) as garantias e direitos das políticas públicas sem reproduzir a colonialidade, a indignidade ou outros defeitos que, ao invés de reduzir as desigualdades, as aprofundam? Qual o papel da educação, dos meios de comunicação formal e informal na reprodução dos valores midiáticos e sua relação com as políticas públicas do criminalizável?

Esta é a visão buscada neste nível. Por exemplo, em 2004 foi realizado um referendo para definir para que seriam usados os lucros da extração de recursos naturais não renováveis, como os hidrocarbonetos; e o resultado foi impressionante: educação e saúde. Esse mandato, que deveria ter se traduzido na Constituição de 2009 como uma "prioridade econômica", só alcançou uma "prioridade fiscal". Este "golpe social" não teve reclamações ou mesmo processos morais; e, parte desses recursos, acabou em suprimentos logísticos para a polícia ou investimento em hidrocarbonetos.

III.3 EXPULSÃO DA LEGISLAÇÃO BOLIVIANA DOS AD-JETIVES "RAÇA E RACISMO"

A descolonização é um mandato constitucional, além de garantir a dignidade das pessoas. O descumprimento ativa a figura de um ataque às garantias constitucionais por parte de quem exerce funções públicas, por omissão.

A ação de expulsão do ordenamento jurídico é obrigatória, para a qual são propostas duas vias:

III.3.1 RECURSO CONSTITUCIONAL

Recurso ao Tribunal Constitucional para que, no seu dever de assegurar a legitimidade do sistema jurídico, expulse estas categorias e obrigue o Parlamento a rectificar as leis objectadas, bem como o prólogo da Constituição.

III.3.2 AÇÃO INTERNACIONAL: UNESCO

Actuar perante a chancelaria, de modo a elevar à UNESCO outra declaração e expulsar estes adjectivos, em coerência com todos os peritos que consultou durante várias décadas no sentido de ser uma "construção" eurocêntrica os adjectivos de raça e racismo. Além disso, sendo uma declaração oficial das Nações Unidas, para promover em todos os países subscritores, a expulsão destas categorias das suas legislações.

DISCRIMINAÇÃO

O que Michel Foucault não disse sobre "Racismo"

Neste último capítulo, são levantadas duas necessidades:

1) para o papel desempenhado socialmente pelo académico universitário, linhas de acção para uma política criminal a ser construída, divulgada e acordada para a sua implementação formal; e

2) ter um novo programa de Criminologia, o mesmo que reúne a aproximação da investigação que o Capítulo II mostra, bem como as propostas que são delineadas no Capítulo III.

IV.1 LINHAS DE AÇÃO PARA UMA POLÍTICA PENAL

Como consequência do objectivo da presente investigação, são delineadas directrizes para uma nova política criminal, no entendimento de que se o NOVO OBJECTO de estudo da Criminologia se materializar, tal como se afirma no Capítulo anterior. Se isto acontecer, devem ser tomadas as seguintes medidas e orientações:

IV.1.1 NOVO CÓDIGO PENAL DESCOLONIZADO

Um novo código penal com o novo objetivo criminológico precisa emergir de um grande consenso nacional ou com o apoio de amplos setores da população. O melhor seria que tivesse o apoio de um referendo para que somente com grande legitimidade não se modificasse entre poucos tomadores de decisão.

IV.1.2 RETROTENAGEM NA EDUCAÇÃO FORMAL

Se a universidade, tendo já tornado o seu programa de criminologia compatível e homogeneizado, é a "alma mater" da educação, deve reconstruir as pontes para a sociedade e, principalmente, para o sistema educativo formal (pré-escolar, escolar e secundário) para tornar também a visão correspondente compatível e que permita desconstruir o esquema mental corporizado no estudo mencionado no ponto I.1. do presente trabalho; ter de irradiar na família.

IV.1.3 AÇÃO NA EDUCAÇÃO DA MÍDIA

Não teria qualquer utilidade se os meios de comunicação (formais e não formais) não estivessem adaptados a este esquema ou mandato constitucional de garantia da DIGNIDADE humana. As disposições legais correspondentes e os órgãos legais que as controlam devem fazer os ajustamentos necessários e sensibilizar os proprietários, directores e executores.

IV.1.4 IMPACTO NA CULTURA DEMOCRÁTICA: TODO E AS PARTES

Partindo da cosmovisão do "ser social" e reconceptualizando o objecto de estudo do crime, redireccionado para um maior controlo do uso do poder, terá repercussões no trabalho político e num alargamento da nossa cultura democrática, necessariamente. É neste sentido, que as disposições legais de participação dos actores políticos devem ser adaptadas, a fim de reforçar os laços entre eleitores e eleitos, expulsando toda a figura do "pendurado do saco" (o plurinominal, seja municipal, departamental, nacional - deputados e senadores-, sindical, cívico, sindical, etc.).): se um círculo eleitoral elege (delimitado, tangível, determinado, com nomes de pessoas vivas devidamente organizadas comunitariamente, etc.), será também a esta comunidade que os eleitos ou mandatados terão de responder de forma regular, gerando maior legitimidade nas acções dos mandatados ou eleitos; aprofundando a democracia participativa e reduzindo a democracia representativa (que carrega genes culturais despóticos).

IV.2 LIÇÕES DE CRIMINOLOGIA

IV.2.1 O PAPEL DO PRESIDENTE: HOMOGENIZANDO O ACADÊMICO

A universidade, onde se ensina criminologia, faz parte da sociedade, do Estado constituído pelos seus cidadãos: não é uma ilha; Além disso, é essa cidadania que sacrifica a satisfação das necessidades e destina recursos para a existência do sistema educacional, onde estão localizadas as universidades e, estas são atendidas por cidadãos que irão cumprir funções na referida sociedade; daí, seu caráter de SER SOCIAL do aluno e do educador dentro do pensamento coletivo; e, a preservação da individualidade em termos de cumprir seu trabalho dentro dessa concepção. A pesquisa do educador deve ser transformadora por mandato legítimo e legal, mas fundamentalmente por compromisso social: causa-efeito; caso contrário, seria cumplicidade.

Uma vez que o sistema universitário não é uma entidade estanque, deve tornar-se a locomotiva de todo o sistema educativo, de modo a envolver os níveis anteriores (pré-escolar, escolar e secundário), mas deve também influenciar a sociedade em geral e os aparelhos governamentais em particular, de modo a traduzir o mandato legítimo da descolonização, entre outros.

Necessariamente, para compatibilizar e homogeneizar os programas de ensino não só de Criminologia; além disso, para compatibilizar os programas que são dados na Carreira de Sociologia com o tema do Desvio Social, bem como na Literatura, História, Antropologia, Comunicação Social ou Jornalismo, Trabalho Social, entre outros.

Devido à investigação no Capítulo II e à proposta de abordar um novo objecto de estudo da criminologia, desenvolvido no Capítulo III, deverá ser proposto um novo programa académico para o tema da criminologia na carreira do Direito, servindo também para a Sociologia, Trabalho Social, Ciência Política e Sociologia.

REFERÊNCIA DO AUTOR

Ele é boliviano. Ele nasceu em Santa Cruz de la Sierra,

Ele já viajou e morou em outros países, levando-o a conhecer diversos lugares ao longo de sua vida. Embora ele sempre volte para Santa Cruz de la Sierra, onde vive principalmente.

Ele escreveu e publicou contradições e criando polêmica, por seu elevado senso de justiça social.

É advogado e tem um mestrado em "Ciências Criminais e Criminologia", com um segundo mestrado em "Direitos e Garantias Constitucionais".

Foi chefe do curso de Direito da Universidade Privada de Santa Cruz UPSA e professor das disciplinas de direito penal e criminologia.

Tem sido secretário municipal e departamental da participação popular. Assim como secretário-geral da Prefeitura do departamento de Santa Cruz de la Sierra, um dos departamentos mais prósperos e prósperos da Bolívia.

Ele também foi prefeito de Santa Cruz de la Sierra e parlamentar nacional boliviano.

Foi nomeado como professor de pós-graduação, direitos e garantias constitucionais do contribuinte, na Universidade

Estadual e Autônoma "Gabriel René Moreno", na cidade de Santa Cruz de la Sierra.

Do mesmo modo, é professor de criminologia na carreira do Direito, na Universidade autónoma e estatal "Gabriel René Moreno".

É membro e fundador do grupo político departamental Força e Esperança (FE).

- Derrumbando murallas: hacia un manejo comunitario de las penitenciarías (2018)
- UAGRM. Voto discriminador vs voto igualitario (2014)
- Construyendo Bolivia, aporte desde la criminología. Cámara de diputados de Bolivia (2006)
- Búsqueda criminológica. Santa Cruz de la Sierra. Ed. Nueva generación (1996)
- Reflexiones criminológicas y penales. Santa Cruz de la Sierra. Co editado por la Universidad Gabriel René Moreno y la Fundación siglo XXI. Prologado por el Dr. Eugenio Raúl Zaffaroni (1991)
- Granja de espejos: ¿Aberración jurídica o lucha de clases? Santa Cruz de la Sierra. Ed. Cabildo (1987)
- Delincuencia privilegiada. Santa Cruz de la Sierra. Ed. Cabildo (1985)

GRATIDÃO

Este livro não teria sido possível sem o interesse e o incentivo de várias pessoas e amigos. Meu total agradecimento a cada um deles.

Para os raules:

Raúl Eugenio Zaffaroni pelo apoio em minha busca permanente

Raúl Enrique Condarco Zenteno pelo imenso apoio na pesquisa bibliográfica; e, principalmente, pelas centenas de encontros e milhares de cafés, nos quais compartilhamos visões.

Naturalmente, para todos vós que investem o vosso tempo na leitura deste trabalho, obrigado por estarem presentes.

(s.f.). Obtenido de 201402CAF214(2009)15,pdf-Nitro Pri

1952, D. 3. (s.f.). (UMSA, Ed.) La Paz, Bolivia. Obtenido de https://repositorio.umsa.bo/bitstream/handle/12345 6789/8679/BC-F-01090.pdf?sequence=1&isAllowed=y

(3 de diciembre de 2009). Obtenido de 61.Estética en la Edad Media y Renacimieno.pdf - Nitro Pro

ΜΙΚΡΟΣ ΑΙΓΙΑΛΟΣ: La Belleza. (8 de febrero de 2010). Recuperado el 4 de diciembre de 2018, de https://www.google.com.bo/search?source=hp&ei=IJ0 GXNjoGomk_Qb28obwDw&q=La+arquitectura+griega+ cl%C3%A1sica%2C+est%C3%A1+basada+en+imagen+ de+simetr%C3%ADa+y+proporci%C3%B3n%2C+esto+r esulta+mas+llamativo.+Plat%C3%B3n+realiz%C3%B3+ una+abstracci%C3%B3n+del+co

(29 de octubre de 2013). Obtenido de https://sobrecolores.blogspot.com/2013/10/los-colores-de-la-india.html

Historia Universal, los Hebreos. (25 de enero de 2014). Obtenido de http://docenteregional.blogspot.com/2014/01/los-hebreos.html

Las mentiras del racismo. (13 de enero de 2016). Obtenido de https://lasmentirasdelracismo.wordpress.com/2016/0 1/13/1-5-el-determinismo-biologico-como-base-del-racismo/

Gladiator Shadows. (22 de julio de 2017). Obtenido de https://www.youtube.com/watch?v=N8HX814yE2Q

Aguilar, W. (17 de marzo de 2018). De las 16 denuncias por discriminación, sólo tres fueron resueltas. *Los Tiempos*. Obtenido de https://www.lostiempos.com/actualidad/pais/201803 17/16-denuncias-discriminacion-enero-solo-tres-fueron-resueltas

Alegret, J. L. (1993). (U. A. Barcelona, Editor) Obtenido de TJLAT2de4.pdf

Algarañaz, J. (18 de diciembre de 2018). Papa Francisco: el racismo, la xenofobia y la corrupción son las "peores verguezas de la política". *Clarin*, pág. mundo. Obtenido de https://www.clarin.com/mundo/papa-francisco-racismo-xenofobia-corrupcion-peores-verguenzas-politica_0_i25GJSP2E.html

Alonso, B. F. (2001). Los vagos de la campaña bonaerense. La construcciòn històrica de una figura delictiva (1730-1830). *Departamento de Ciencias Sociales de la Universidad de Lujàn*(prehistoria 5). Obtenido de Dialnet-LosVagosDeLaCampañaBonaerenseLaConstrucciònHistori-3119236.pdf - Adobe Acrobat Pro DC

Alonso, S. (2013). *Tesis doctoral*. (U. d. Valladolid, Editor) Obtenido de https://uvadoc.uva.es/bitstream/10324/4465/1/TESIS486-140305.pdf

Alsina G, J. (2013). *Filosofia e Historia da biología, v. 8, n. 1, p. 75-90, 2013*. Obtenido de http://www.abfhib.org/FHB/FHB-08-1/FHB-8-1-05-Jose-Alsina-Calves.pdf

Alvarez, C. (2016). *Epistemología del Caos* (tercera edición ed.). Cochabamba, Bolivia: Kipus.

Alvarez, M. (2011). Movimiento feminista y el derecho al voto en Bolivia (1920-1952). *Fuentes, 5*(15). Obtenido de Movimiento_feminista_y_derecho_al_voto_e.pdf - Adobe Acrobat Pro DC

Amino. (31 de julio de 2017). Obtenido de https://aminoapps.com/c/amor-al-conocimiento/page/blog/la-influencia-del-darwinismo-social/zdmr_BdIxuJrq1D2M4GaLre24XJK2LPnp

ancrugon. (s.f.). *el volumen de una sombra.* Obtenido de ancrugon.com/libros/con-diez-cañones-por-banda/robinson-crusoe-de-daniel-defoe/

Aniyar, L. (1977). *Criminología de la reacciòn social.* Maracaibo, Zulia, Venezuela: LUZ.

Anónimo. (martes 2 de septiembre de 2014). Obtenido de doc.pdf - Nitro Pro

Anònimo. (s.f.). *OLLANTAY.* Obtenido de OLLANTAY.pdf - Adobe Acrobat Pro DC

Antiquitatem. (2 de febrero de 2015). Obtenido de http://es.antiquitatem.com/hombre-de-vitruvio-leonardo-canon

Azzarra, C. (2004). (U. d. Valencia, Ed.) Obtenido de https://books.google.com.bo/books?id=g_ADr9iCqdoC&pg=PA142&lpg=PA142&dq=invasiones+isl%C3%A1mi cas+en+italia&source=bl&ots=H_hHu89gt5&sig=X3SV XZQlyMMz-VdqRaUbRXBCmpQ&hl=es&sa=X&ved=2ahUKEwiT2d qql6_fAhVQ7qwKHaBICJM4ChDoATADegQIBxAB#v=o nepage&q&f=false

Baldwin, R. (7 de marzo de 2017). *slideplayer.* (U. d. Canberra, Ed.) Obtenido de https://slideplayer.com/slide/12835810/

Banco Mundial. (29 de agosto de 2018). *BANCO MUNDIAL@bancomundial.* Obtenido de https://www.facebook.com/bancomundial/videos/182 5004200887601/

Bates, L. F., & Terrazas, A. (mayo-agosto de 2006). Apuntes sobre las investigaciones prehistòricas en Mèxico y Amèrica. *Boletìn antropològico, 24*(67), 167-219. Obtenido de 71206702.pdf - Adobe Acrobat Pro DC

Baudin, L. (1962). *El Imperio Socialista de los Incas* (5ta. ed.). (J. A. Arze, Trad.) Santiago, Chile: Zig Zag S.A.

Berges, C. A. (s.f.). (U. C. Madrid, Ed.) Recuperado el 2017, de http://eprints.ucm.es/46386/1/T39575.pdf

Bikuta-Manueru. (30 de marzo de 2015). *Grimorio.* Obtenido de https://www.wattpad.com/90672662-grimorio-malleus-maleficarum

Blanco Freijeiro, A. (1989). El arte egipcio I. En A. Blanco Freijeiro, *El arte egipcio I* (págs. 79-80). Madrid: Historia 16.

Brewer-Carias, A. (Noviembre de 2007). El modelo urbano de la ciudad colonial y su implantaciòn en hispanoamèrica. Nueva York. Obtenido de I, 1, 966.EL MODELO URBANO COLONIAL. CURSO EXTERNADO. NOV 2007.pdf - Adobe Acrobat Pro DC

Bridikhina, E. (29 de mayo de 2009). *pieb.com.bo.* Obtenido de www.pieb.com.bo/sipieb_dossier.php?idn=3900&id=39 16&c=2

Cabrera, N. (21 de Agosto de 2012). *Teatro La Repùblica.* Obtenido de https://teatrolarepublica.com/2012/08/21/otelo-los-celos-y-el-racismo/

Cajiao, S. (s.f.). *Ius Canonicum. Información de Derecho Canónico.* Obtenido de http://www.iuscanonicum.org/index.php/derecho-eclesiastico/relaciones-entre-el-estado-y-la-iglesia/191-relaciones-entre-la-iglesia-y-el-poder-politico-entre-cesaropapismo-y-separacion.html

Cajías, H. (1997). *Criminología* (5ta, 12da reimpresión ed.). La Paz, Bolivia: Juventud.

Calzado, Z., & Espada, M. L. (10 de marzo de 2011). *International Journal of Developmental and Educational Psychology.* Obtenido de http://infad.eu/RevistaINFAD/2011/n1/volumen5/INFAD_010523_65-73.pdf

Campero, T. o. (1999). *Bolivia en el siglo XX. La formaciòn de la Bolivia contemporánea.* La Paz, Bolivia: Harvard Club de Bolivia.

Canevello, P. (2000). *Working Paper No 71.* (C. c. internacionales, Editor) Obtenido de Programa de Derecho Internacional: https://www.files.ethz.ch/isn/145593/71%20DI.pdf

Cárdenas, A. (2011). Piaget: lenguaje, conocimiento y educación. *Revista Colombiana de Educación*(60), 71 - 91.

Carolyn, H. (1985). Anuario de Estudios Centro Americanos. (U. d. Rica, Ed.) (11 (2)), 5-24. Obtenido de 3268-Texto de articulo-5108-1-10-20121115.pdf - Adobe Acrobat Pro DC

Ceballos, A., Navarro, C., & Philp, M. (. (2018). *Itinerarios. Recorridos por la historia de Còrdova.* Còrdova, Còrdova, Argentina: Universidad Nacional de Còrdova. Obtenido de La_expropiaciòn_de_las_tierras_de_co.pdf - Adobe Acrobat Pro DC

CENTRO DE ESTUDIOS POLÌTICOS Y CONSTITUCIONALES y el Boletìn Oficial del Estado. (1998). *Recopilación de leyes de los Reynos de las Indias* (Cuarta ed., Vols. TOMO II Libros III, V, VI, VII y VIII). Madrid, España. Obtenido de https://www.boe.es/biblioteca_juridica/abrir_pdf.php ?id=PUB-LH-1998-62_2

Cerda, C. (2005). Los principios constitucionales de la igualdad de trato y de prohibiciòn de la discriminaciòn: un intento de delimitaciòn. (U. d. Valencia, Ed.) *Cuadernos constitucionales de la Cátedra Fadrique Furió Ceriol*(50/51), 193 - 218. Obtenido de https://www.uv.es/fadrique/CuadernosConstitucional es/Cuadernos%2050-51.html

Christiansen, V. y. (2015). *La Razón Histórica. Revista Hispanoamericana de Historia de las Ideas*, No. 29. (I. d. Social., Editor) Obtenido de file:///C:/Users/USER/Desktop/doctorado/LRH%202 9.14.pdf

Cisneros, I. (junio de 2001). *Perfiles latinoamericanos.* Obtenido de Dialnet-Intolerancia cultural-2212253.pdf (PROTEGIDO)

Coetzee, J. (s.f.). Robinson Crusoe. En D. Defoe, *Robinson Crusoe* (J. Cortazar, Trad.). Literatura Randon House. Obtenido de https://books.google.com.bo/books?id=3jXDlVJSTQ8 C&pg=PT6&lpg=PT6&dq=racismo+en+daniel+defoe+en +las+aventuras+de+robinson+crusoe&source=bl&ots=E SYJOQ2f4f&sig=ACfU3U10dBr6rodmx5KVZI9W6Fbxp- 6JFQ&hl=es&sa=X&ved=2ahUKEwjcjtXylrXlAhXDrFkK HazWD_g4ChDoATAFegQICRA

Colanzi, A. (1985). *Delincuencia privilegiada.* Santa Cruz de la Sierra, Bolivia: cabildo.

Colanzi, A. (1987). *granja de espejos: aberraciòn jurìdica o lucha de clases.* Santa Cruz de la Sierra, Bolivia: cabildo.

Colanzi, A. (1995). *Búsqueda criminológica.* Santa Cruz de la Sierra, Bolivia: NUEVA GENERACIÓN, Fundaciòn Siglo XXI.

Colanzi, A. (2014). *Voto discriminador vs. voto igualitario* (independiente ed.). Santa Cruz de la Sierra, Bolivia.

Colanzi, A. (2018). *Derrumbando murallas.* Santa Cruz de la Sierra, Bolivia: Editorial UNIVERSITARIA y Fundación RAMA.

Colanzi, L. (2018). Un sueco entre los indios de las tierras bajas. *El Deber*, pág. Opinión. Obtenido de https://www.google.com/amp/s/eldeber.com.bo/amp /112872_un-sueco-entre-los-indios-de-las-tierras-bajas

Comité Nacional contra el racismo y toda forma de discriminación. (24 de junio de 2019). Obtenido de https://noracismo.gob.bo/index.php/resoluciones-comite-nacional-2013/1976-acta-y-resoluciones-de-la-sesion-ordinaria-gestion-2018-comite-nacional-contra-el-racismo-y-toda-forma-de-discriminacion

Comte. (1979). La Filosofía Positiva. México: Porrúa S.A.

Comte, A. (1896). The Positive Philosophy. Londres, Inglaterra.

Condarco, R. (1986). *Atlas històrico de Amèrica* (2da ediciòn ed.). (T. g. bolivianos, Ed.) La Paz, Bolivia: Ediciones Condarco.

Córdova, J. (21 de enero de 2018). Misiones jesuíticas guaranìes. *Iberoamérica social.* Obtenido de https://iberoamericasocial.com/misiones-jesuiticas-guaranies/

Cortez, J. y. (1991). (B. Herder, Ed.) Obtenido de http://www.filosofia.net/materiales/sofiafilia/hf/soff_em_9.html

Cultura hebrea: historia, características, religión, y mucho mas. (s.f.). Obtenido de http://hablemosdeculturas.com/cultura-hebrea/

D.S., 0. (2010). *Gaceta Oficial de Bolivia.* La Paz, Bolivia: Gaceta oficial de Bolivia.

Darwin, C. (s.f.). *feedbooks.* Obtenido de www.feedbooks.com

Darwin, C. R. (2009). El origen del hombre: la selección natural y la sexual. Valencia, España: F. Sempere Y Ca. Editores.

DD.HH, C. (9 de marzo de 2009). *Naciones Unidas.* Obtenido de A.HRC_.10.31.Addd_.2_es.pdf - Adobe Acrobat Pro DC

DD.HH, C. (2 de febrero de 2012). *Naciones Unidas.* Obtenido de Informe-Anual-2011.pdf - Adobe Acrobat Pro DC

DD.HH, C. (2018). *Naciones Unidas.* Obtenido de HRR-2018-BOLIVIA-SPANISH.pdf - Acrobat Adobe Pro DC

de las Heras, M. (30 de abril de 2016). *LLUVIA EN EL MAR blog literario.* Obtenido de http://www.lluviaenelmarblogliterario.com/2016/04/huckleberry-finn-de-mark-twain-critica.html?m=1

Defoe, D. (2006). *biblioteca virtual UNIVERSAL.* (e. d. cardo, Editor) Obtenido de 133467.pdf (PROTEGIDO) - Adobe Acrobat Pro DC

Del Olmo, R. (1979). *Ruptura criminológica.* Caracas, Venezuela: UCV.

Delgado P., M. (mayo de 2016). (U. d. Guayaquil, Editor) Obtenido de http://repositorio.ug.edu.ec/bitstream/redug/19142/1/DELGADOmaria.pdf

Delgado, J. (s.f.). *La estètica de los pueblos amerindios.* Obtenido de Dialnet-LaEsteticaDeLosPueblosAmerindios-2940560.pdf - Adobe Acrobad Pro DC

Descarpontriez, T. (agosto de 2019). Anécdotas de niñez. (A. Colanzi, Entrevistador)

Dietrich, L. (2004). *Teología y Vida,* Vol. XLV. (P. U. Valparaiso, Editor) Obtenido de art03.pdf - Nitro Pro

Dietrich, W. (18 de diciembre de 2011). (ZETA, Ed.) Obtenido de PDF

Diez de la Cortina, E. (s.f.). *Semblanza filosófica.* (CIBERNOUS, Ed.) Obtenido de http://cibernous.com/autores/comte/index.html

Dittrich, L. (s.f.). Obtenido de Dittrich_Resumen_Anticlericalismo_vias_de_seculariza ción-pdf- Nitro Pro

Dominguez, G. (21 de noviembre de 2017). (E. Universidad de La Rioja, Editor) Obtenido de TFE002434.pdf - Nitro Pro

Duchén, R. (27 de abril de 2020). ¿Cuándo se abolió en los hechos la esclavitud en Bolivia? *urgente.bo* , pág. opinión. Obtenido de https://urgente.bo/noticia/Cuando-se-abolio-en-los-hechos-la-esclavitud-en-bolivia

Dussel, E. (julio de 2008). (T. Rasa, Editor) Obtenido de file:///C:/Users/USER/Downloads/18583.%20Medita ciones%20anticartesianas%20sobre%20el%20origen%20%E2%80%A 6%20-%20Dussel.PDF

Eco, U. (23 de febrero de 2010). *Travesías filosóficas.* Obtenido de http://travesiasfilosoficas.blogspot.com/2010/02/la-belleza-como-proporcion-y-armonia-en.html

EcuRed. (18 de octubre de 2018). *Venus de Willendorf.* Obtenido de https://www.ecured.cu/Venus_de_Willendorf

Ediciones PAULINAS. (1.990). Nuevo diccionario de teología bíblica. En G. R. P. Rossano, *Nuevo diccionario de teología bíblica.* Madrid: Paulinas.

EJU noticias. (7 de agosto de 2018). Obtenido de http://eju.tv/2018/08/serginho-recibe-respaldo-y-piden-a-la-fbf-poner-fin-al-racismo-en-el-futbol/?utm_source=eju.tv+-+Correo+de+Noticias&utm_campaign=95a149b21e-EMAIL_CAMPAIGN_2018_08_07_02_59&utm_medium=email&utm_term=0_6164465b4f-95a149b21e-93736373

El determinismo biológico como base del racismo. (13 de enero de 2016). Obtenido de https://lasmentirasdelracismo.wordpress.com/2016/0 1/13/1-5-el-determinismo-biologico-como-base-del-racismo/

Elhistoriador.es. (s.f.). Obtenido de https://foliosdehistorias.wordpress.com/grandes-imperios/otras-civilizaciones/la-conquista-de-italia-por-los-lombardos/

Elía M., J. A. (13 de enero de 2016). *RACISMO.* Obtenido de https://lasmentirasdelracismo.wordpress.com/2016/0 1/13/5-6-paul-broca-y-el-peso-cerebral/

Engels, F. (2017). *MIA marxists internet archive.* (MIA, Editor) Obtenido de https://www.marxists.org/espanol/m-e/1880s/origen/el_origen_de_la_familia.pdf

Espinal, L. (1988). La democracia no lo resuelve todo. *AQUÍ. Semanario del pueblo.*

Evers, T. (1985). *El Estado en la periferia capitalista.* (3era. ed.). México, México: Siglo XXI.

Eze, E. C. (16 de mayo de 2012). Obtenido de emmanuel-chukwudi-eze-el-color-de-la-razon,pdf - Nitro Pro

Facultad de Segovia, Universidad de Valladolid. (23 de Mayo de 2007). *Los cánones de belleza a lo largo de la historia.* Obtenido de https://canonesbelleza.wordpress.com/2007/05/23/desde-la-prehistoria-al-s-xx/trackback/

Feldis, J. P. (2009). *Sociología jurídica. En época de caos.* (2da. ed.). Santa Cruz de la Sierra, Bolivia.

Fernàndez M., E. (s.f.). *Anàlisis de obras literarias. El maestro en casa.* Obtenido de ejemplos-anàlisis-literatura-parte-2.pdf - Adobe Acrobat Pro DC

Fernández, M. E. (1989). El Mariscal Andrés Santa-Cruz. *Historia, 24,* 215 - 252. Obtenido de Mariscal de Zepita.pdf - Adobe Acrobat Pro DC

Ferrada Sullivan, L. (2009). *La belleza...una necesidad.* Obtenido de http://labellezasensible.blogspot.com/2009/09/las-primeras-civilizaciones.html

Ferrando Castro, M. (18 de julio de 2015). *Red Historia.* Obtenido de https://redhistoria.com/mitologia-griega-el-mito-de-medusa-y-las-gorgonas/

Flores, M. (14 de diciembre de 2015). *Voces latinoamericanas.* Obtenido de http://literalmagazine.com/atila-en-las-fronteras-del-ensayo/

Foucault, M. (s.f.). Genealogía del racismo. La Plata, Argentina: Altamira.

Fudaciòn Cultural Amelia Spitalier. (s.f.). *DIOSAS Y MORTALES. Las mujeres en epoca prehispànica,* 11. Obtenido de Diosas y Mortales. Las Mujeres en Època Prehispànica. Adobe Acrobat Pro DC.

Galeano, E. (s.f.). (L. Tauro, Ed.) Obtenido de galeano_patas_arriba.pdf

galeón.com. (s.f.). *historia de belleza.* Obtenido de http://esteticaisa.galeon.com/hbelleza.htm

García, J. A. (s.f.). (U. d. Cantabria, Editor) Obtenido de http://www.romanicodigital.com/documentos_web/documentos/C12-1_Jos%C3%A9%20%C3%81ngel%20Garc%C3%ADa%20de%20Cortazar.pdf

Garófalo, R. (1912). La Criminología. Estudio de la naturaleza del crimen y teoría de la penalidad. Madrid: Daniel Jorro, editor.

Gasparri, S. (2008). *Anales de hitoria antígua, medieval y moderna, Vol.40.* (U. Instituto de Historia Antigua y Medieval, Ed.) Obtenido de file:///C:/Users/USER/Downloads/2931-6252-1-SM.pdf

Geo-Historia. (31 de agosto de 2015). *Atila, rey de los hunos.* Obtenido de http://geo-historia.com/2015/08/31/atila-rey-de-los-hunos/

Geulen, C. (2010). Breve historia del racismo. Madrid, España: Alianza Editorial.

Giordano, F. (01 de febrero de 2014). *SUJETOS.UY cultura y política.* Obtenido de https://sujetos.uy/tag/racismo/

Gómez Grillo, E. (1979). *Introducción a la criminología* (tercera ed.). Caracas, Venezuela: Piñango.

González, D. (2009). (U. d. Cantabria, Editor) Obtenido de 201402CAF214(2009)-15,pdf-Nitro Pro

Gould, S. J. (2014). *Revista de economía institucional, vol. 16, No. 31, segundo semestre/2014, pp.341-358.* Obtenido de http://www.scielo.org.co/pdf/rei/v16n31/v16n31a16.pdf

Gribben, A. (05 de enero de 2011). Mark Twain ¿demasiado políticamente incorrecto para el nuevo EE.UU? *El Mundo*, pág. Cultura. Obtenido de https://www.elmundo.es/elmundo/2011/01/05/cultura/1294260576.html

H historia. (5 de enero de 2018). *Akenatón, la ley de uno.* Obtenido de https://www.youtube.com/watch?v=Dan8cGw96cA

Hanke, L. (1940). El Papa Paulo III y los Indios de América. *Revista Universidad Pontificia Bolivariana, 4*(14). Obtenido de https://revistas.upb.edu.co/index.php/upb/article/view/2668

Hegel, F. G. (1971). *filosofía de la historia* (2da- ed.). Barcelona, España: ZEUS.

Hegel, F. G. (2006). *Filosofía del arte o estética (verano del 1826).* (D. H. Sánchez, Trad.) Madrid, España: ABADA editores / UAM ediciones.

Heredia, N., & y, E. G. (marzo de 2009). *Historia de la Belleza.* Obtenido de https://acorl.org.co/articulos/141211124149.pdf

Ibañez, M. A. (10 de marzo de 2010). *Europa en papel.* (B. N. España, Editor) Obtenido de EuropaEnPapel_GuiaAlumno.pdf

Informe Especia de TV de Chile. (s.f.). Obtenido de https://www.youtube.com/watch?v=-hDCCaKPFZk

Iño, W. (2009). Aportes de la Reforma Educativa Liberal (1.900-1.920): inicios y consolidaciòn de la formaciòn docente. *Estudios bolivianos*(15), 175-224. Obtenido de http://www.revistasbolivianas.org.bo/pdf/rieb/n16/n 16_a08.pdf

Jacq, C. (2000). (E. Electrónica, Ed.) Obtenido de https://mfrr.files.wordpress.com/2012/06/la-piedra-de-luz-2-la-mujer-sabia.pdf

Jaramillo, G. (2012). *Cánones.* Obtenido de http://tercersemestre301.blogspot.com/2012/02/0-0-1-2665-14663-cecc-122-34-17294-14.html

Justo, L. (1967). *BOLIVIA: la revoluciòn derrotada.* Cochabamba, Bolivia: Serrano.

Kant, I. (2010). Antropología en sentido práctico. Madrid, España: Alianza Editorial.

Klein, H. (1988). *Historia general de Bolivia* (2da ediciòn, 3era reimpresiòn ed.). (J. Barnadas, Trad.) La Paz, Bolivia: Juventud.

Kropotkin, P. (s.f.). *fondation besnard.* Obtenido de http://www.fondation-besnard.org/IMG/pdf/kropotkin-apoyo-mutuo.pdf

La biblia de jerusalen. (julio de 1971). (D. d. Brouwer, Ed.)

La sangre del león verde. (15 de Noviembre de 2010). Obtenido de http://www.lasangredelleonverde.com/el-desarrollo-de-la-filosofia-moderna/

Langewiesche, D. (2000). Liberalismo y burguesía en europa. En J. M. Millan, *Las burguesías europeas del siglo XIX. Sociedad civil, política y cultura*. Madrid, España: Ediciones biblioteca Nueva/Universitad de Valéncia.

Lara, R. (17 de diciembre de 2010). *CLIO.rediris.es*. Obtenido de tema55.pdf

Las brujas de Salem. (s.f.). Obtenido de https://sites.google.com/site/brujasalemgioguevara3d/home/caza-de-brujas

Lechner, N. (1977). *La crisis del estado en américa latina*. Caracas, Venezuela: El Cid.

Ledesma, G. G. (marzo de 2017). *RELIGACIÓN. Revista de ciencias sociales y humanidades*, Vol. II. No. 5. Obtenido de http://revista.religacion.com/assets/2_ledezma_racismo_colonialidad_saber.pdf

Lepe-Carrión, P. (enero-abril de 2014). *Filosofía unísinos*, 15 (1). (C. Universidad de Temuco, Editor) Obtenido de Racismo_filosofico_el_concepto_de_la_raza_e.pdf - Nitro Pro

Lévi-Strauss, C. (2012). Raza y Cultura. En C. Lévi-Strauss, *Raza y Cultura* (A. Duprat, Trad., 5ta. ed.). Madrid, España: CÁTEDRA.

Lexi Vox portal. (s.f.). Obtenido de https://www.lexivox.org/norms/BO-CPE-18261119-1.xhtml

Litvak, J., & Mirambell, L. (s.f.). *¿ còmo ves?* Obtenido de como-ves-primeros-americanos.pdf - Adobe Acrobat Pro DC

Llorca, C. y. (2017). *Evolución y análisis del cánon de belleza aplicado a la moda*. Obtenido de

https://idus.us.es/xmlui/bitstream/handle/11441/6
3384/Evoluci%C3%B3n%20y%20an%C3%A1lisis%20d
el%20canon%20de%20belleza%20aplicado%20a%20la
%20Moda.pdf?sequence=1

Lonzi, C. (2004). *Rivolta Femminile, escritos de.*
Obtenido de http://www.Escupamos-sobre-Hegel-
Carla-Lonzi-pdf

López M, O. (9 de julio de 2019). *La Prensa Digital.* (L.
C. Aires, Editor) Obtenido de
C:\Users\USER\Desktop\doctorado\Cap.
II\Darwin,Comte,Spencer\darwin\782c4f47-14ff-4cba-
9efc-fdcc48b78fd6.mhtml

López, A. (16 de febrero de 1996). Obtenido de
pensamiento_lopez_1996.pdf - Nitro Pro

Los colores de la India. (29 de octubre de 2013). Obtenido
de https://sobrecolores.blogspot.com/2013/10/los-
colores-de-la-india.html

Luiselli, V. (28 de junio de 2018). Los pequeños
quijotes contra la política migratoria de Trump. *The
New York Times.* Obtenido de
https://www.nytimes.com/es/2018/06/28/espanol/o
pinion/opinion-valeria-luiselli-ninos-migrantes.html

Lumbreras, L., Kaulicke, P., Santillana, J., & Espinoza,
W. (2010). *Compendio de historia econòmica del Perù.
Tomo I economìa pre hispànica* (2da ed., Vol. Tomo I).
Lima, Perù: Carlos Contreras Editor. Obtenido de 1.
Compedio de historia econòmica del Perù I -
Contreras.pdf - Adobe Acrobat Pro DC

Malla, I. (16 de febrero de 2011). *Fundamentos
científicos 1B. Cánon de belleza egipcio.* Obtenido de
http://fundamentoscientificos1b.blogspot.com/2011/
02/canon-de-belleza-egipcio.html

Manoel. (s.f.). *Rincòn del Vago.* (S. y. Social, Editor) Obtenido de https://html.rincondelvago.com/racismo-en-otelo.html?url=racismo-en-otelo

Mariátegui, C. (2012). *Siete ensayos de interpretación de la realidad peruana.* Buenos Aires, Argentina: GORLA.

Maro, J. (martes 11 de julio de 2006). (C. d. Española, Editor) Obtenido de Capítuo_IV.pdf - Nitro Pro

Marquez, P. (s.f.). *IX CONGRESO VIRTUAL SOBRE HISTORIA DE LAS MUJERES.* Obtenido de Dialnet-EstereotiposDeGeneroEnCuentosInfantilesTradicional-6202351.pdf - Adobe Acroba Pro DC

Màrquez, P. (s.f.). *IX CONGRESO VIRTUAL SOBRE HISTORIAS DE LAS MUJERES.* Obtenido de Dialnet-EstereotiposDeGeneroEnCuentosInfantiles Tradicional-6202351.pdf - Adobe Acrobat Pro DC

Martinez, J. (27 de septiembre de 2012). *Investigaciones de história económica.* (www.elsevier.es/ihe, Editor) Obtenido de Latalladel...3.pdf

Marx, E. (11 de marzo de 2012). *Manifiesto comunista.* Obtenido de http://profesionalespcm.org/Marxismo/ManifiestoComunista_MarxEngels_Prologado_Explicado_Anotado_Glosado_GomezCrespo_11marzo2012.pdf

Miranda, C. A. (Enero - Abril de 2009). Revista LETRAS. (E. UFPR, Ed.) (77), 13 - 25. Obtenido de shakespeare.docx pdf - Adobe Acrobat Pro DC

Miranda, P. (mayo-agosto de 2007). *Red de revistas científica de América Latina, el Caribe, España y Portugal*, vol. XXV, num 74. (E. C. A.C., Editor) Obtenido de http://www.redalyc.org/articulo.oa?id=59825204

ΜΙΚΡΟΣ ΑΙΓΙΑΛΟΣ: La Belleza. (8 de febrero de 2010). Recuperado el 4 de diciembre de 2018, de https://www.google.com.bo/search?source=hp&ei=IJ0 GXNjoGomk_Qb28obwDw&q=La+arquitectura+griega+ cl%C3%A1sica%2C+est%C3%A1+basada+en+imagen+ de+simetr%C3%ADa+y+proporci%C3%B3n%2C+esto+r esulta+mas+llamativo.+Plat%C3%B3n+realiz%C3%B3+ una+abstracci%C3%B3n+del+co

Molina, C. H. (2013). *Con olor a pujusó* (3ra. ed.). Santa Cruz de la Sierra, Bolivia: El País.

Mollo, J. P. (noviembre de 2012). *Virtualia, Revista virtual de la Escuela de Orientación Lacaniana*, 25. Obtenido de 7luLsXnNcJb2dWXcMNocb7CRo3HcST3AvhtwW9ZJ.p df - Adobe Acrobat Pro DC

Monjaràs-Ruiz, J. (mayo - junio de 1983). Mèxico en los escritos y fuentes de Karl Marx. *Nueva Sociedad*(66), 105 - 111. Obtenido de 1068_1.pdf - Adobe Acrobat Pro DC

Monserrat, N. (s.f.). (R. Escuela, Editor) Obtenido de http://www.redescuela.org/colegios/gastonguillaux/p rimero/pdf/investigaciones/invest_enlaweb.pdf

Morales, J. E. (11 de diciembre de 2014). (d. d. LA PROVINCIA, Editor) Obtenido de https://www.laprovincia.es/opinion/2014/12/12/kan t-racismo-filosofico/656265.html

Moskowich, I., & Fandiño, S. (2002). (C. d. 10, Ed.) Obtenido de PDF

Murcia, J. y. (abril de 2016). Obtenido de https://accesibilidadlasalle.files.wordpress.com/2016/ 04/diferencias-por-gc3a9neros-razas-etnias-y-condicic3b3nes-santiago-guasca-julic3a1n-murcia.pdf

Negredo del Cerro, F. (1994). (E. M. Suárez, Ed.)
Obtenido de
http://digital.csic.es/bitstream/10261/127096/1/R.C
.AEHM_Las%20Palmas_1994_1_p.55-
63_Negredo_del%20Cerro.pdf

neydilemus. (s.f.). Obtenido de
https://neydilemus.wordpress.com/filosofos/

Niceforo, A. (1954). *Criminología.* (C. B. Quiroz, Trad.)
Puebla, México: José Cajica Jr.

Noejovich, S. S. (2009). *Economìa del periódo colonial
temprano* (Vol. II). (C. Contreras, Ed.) Lima, Perù.
Obtenido de 2. Compendio de historia económica del
Perú II - Contreras.pdf - Adobe Aprobat Pro DC

Núñez, G. (s.f.). *cancioneros.com.* Obtenido de
https://www.cancioneros.com/nc/6718/0/el-camba-
godofredo-nunez-chavez

Olisa, M. (2016). *AFROFÉMINAS.* Obtenido de
https://afrofeminas.com/2016/09/05/lo-normal-no-
es-ser-blanco-sobre-kant-y-el-racismo-estructural/

Ortega, A. (2020). *Una nueva visiòn de la historia de
Bolivia.* Santa Cruz de la Sierra, Bolivia: No publicado.

Ovidio, P. (2003). (B. V. universal, Ed.) Obtenido de
http://www.biblioteca.org.ar/libros/89549.pdf

Palacios, R. (2018). *Delito y Sociedad.* Obtenido de
Document(1).pdf - Adobe Acrobat Pro DC

Pardo, M. y. (2011). *La igualdad: artìculo 14 de la CE.*
Obtenido de www.ocw.um.es

Pasquo, P. L. (2008). *SCIENTRALE studia*, v. 6, n. 2, p.
219-233. Obtenido de 05.pdf - Adobe Acrobat Pro Dc

Penobsquis Baptisc Church. (2016). Obtenido de
https://buenanoticia.org/2014/10/28/corrompido-2-
parte-y-fallando-el-

blanco/?gclid=Cj0KCQiAjZLhBRCAARIsAFHWpbElL8B
usSAZBcd6kSHA8rSvKgc-
qMxQFhIjARomov8AKIPHQ75L8pQaAj0qEALw_wcB

Piaget, J. (1991). *Seis estudios de psicología* (1era ed.).
(J. Marfá, Trad.) Barcelona, España: Labor S.A.

Pineda, E. (octubre-diciembre de 2016). *Espacio
Abierto. Cuaderno Venezolado de Sociología*. (U. d.
Zulia, Ed.) Obtenido de
https://www.redalyc.org/jatsRepo/122/12249087008
/html/index.html

Piza D., E. (2016). Cuadernos dos CEAS, San Salvador,
Brasil, 238.

Placas Rojas. (s.f.). Obtenido de
http://placasrojas.me/325616-el-martillo-de-las-
brujas-malleus-maleficarum-la-condena-es-prueba-
suficiente-de-culpabilidad-los-duenos-de-la-leyenda-
ellos-son-los-que-joden-tu-placer/

Pokrovski, V. y. (1966). Carlos Marín Sanchez . (J.
Grijalbo, Editor)

Pósleman, C. (s.f.). *Revista intersticios de la política y la
cultura...12*. (A. Universidad Nacional de Córdoba,
Editor) Obtenido de 18672-53125-1-PB.pdf - Nitro Pro

Psicólogos. (2015). Obtenido de
https://www.youtube.com/watch?v=8EVthmpagQY

Público. (10 de octubre de 2018). "zambaygo", "lobo",
"no te endiendo" .... el estrambótico sistema de castas
de los españoles en el nuevo mundo. Obtenido de
https://blogs.publico.es/strambotic/2018/10/sistema
-castas-nuevo-mundo/

Puchal T., V. (2015). EL HÈROE CRUSOE:
modernizaciòn del mito de ulises en el siglo XIX.
TYCHO(3), 65-80. Obtenido de puchal_victoria.pdf -
Adobe Acrobat Pro DC

QUIEN.NET. (s.f.). *Biografía de David (Rey David)-Quién fué?* Obtenido de https://www.quien.net/david.php

Raat, W. (1971). Obtenido de 20-079-1971-04121_000168310.pdf

Ramos, D. (s.f.). La creaciòn de Bolivia y el origen del Decreto de La Paz de 9 de febreo de 1825. *Mundo hispánico.* Obtenido de file:///C:/Users/Alejandro/Desktop/Dialnet-LaCreacionDeBoliviaYElOrigenDelDecretoDeLaPazDe9De-2081407.pdf

Raúl E. Condarco y otros. (2018). (F. RAMA, Editor)

Ritter, E. (enero-abril/mayo-agosto de 1991). Los primeros bajacalifornianos: enigmas cronològicos, ecològicos y socioculturales. *Estudios fronterizos*(24-25), 9-30. Obtenido de Dialnet-LosPrimerosBajacalifornianos-5196191,pdf - Adobe Acrobat Pro DC

Rivera Arce, M. (2010). *Historias del Orbis Terrarum .* (P. Castro, Ed.) Obtenido de https://historiasdelorbisterrarum.files.wordpress.com/2010/12/tomo-v1.pdf

Rivero Grimaldo, E. (s.f.). *RELIGIÓN: ¿fuente de discriminación femenina?* Obtenido de https://sites.google.com/site/proyectopsique/religion-fuente-de-discriminacion-femenina

Riviere, J. R. (1968). *Introducción a la estética del arte de la India.* Obtenido de https://repositorio.uam.es/bitstream/handle/10486/6317/38191_6.pdf?sequence=1

Rodriguez, L. (1981). *Criminología.* México: Porrúa.

Rojas, E. (7 de Julio de 2015). *CÁTEDRA BOLIVARIANA II.* Obtenido de

http://catedrabolivariana2unefa.blogspot.com/2015/0
7/discurso-de-bolivar-ante-el-congreso.html

Romay, O. (01 de 01 de 2010). *Amigos de la egiptología.*
Obtenido de http://egiptologia.com/que-ha-aportado-
la-civilizacion-egipcia-al-pentateuco/

Romero, E. (1949). *Historia econòmica del Perù.* Buenos
Aires, Argentina: Sudamericana.

RT. (26 de junio de 2018). Sois mexicanos, violadores y
animales. Obtenido de
https://actualidad.rt.com/actualidad/278156-
racismo-estados-unidos-mexicanos-violadores

Sandoval, E. (1985). *Sistema penal y criminología
crítica.* Bogotà, Colombia: Temis.

Santos H., J. (2010). *Thémata. Revista de filosofía*, No.
43. (U. d. Chile, Editor) Obtenido de kant y racismo.pdf
- Nitro Pro

Santos, T., & Garcìa, E. (1977). Notas críticas sobre
aspectos polìticos-jurìdicos para una criminologìa
Radical en América Latina. *Capítulo Criminológico*(5).

Sisti., A. (s.f.). *BELLEZA DicTB.* Obtenido de
http://www.mercaba.org/DicTB/B/belleza.htm

TOCHO T8. (15 de julio de 2009). *Arte y Belleza en
Mesopotamia.* Obtenido de
http://tochoocho.blogspot.com/2009/07/arte-y-
belleza-en-mesopotamia.html

Todorov, T. (1991). *Nosotros y los otros.* México: Siglo
XXI.

Todorov, T. (1991). *Nosotros y los otros.* México: Siglo
XXI.

Troyano, J. F. (01 de diciembre de 2010). (E. Área de
sociología de la Universidad de Málaga, Ed.) Obtenido

de RIEM revista internacional de estudios migratorios: Art_10_001.pdf

UNAM relaciones humanas. (s.f.). Obtenido de cial RH

Universidad de Valencia. (11 de marzo de 2016). Obtenido de https://www.uv.es/uvweb/master-historia-formacion-mundo-occidental/es/master-historia-formacion-del-mundo-occidental/invencion-imprenta-impacto-historia-1285932066992/GasetaRecerca.html?d=Desktop&id=1285961209839

Valencia, A. (2004). Fundamentos de Derecho Político. En A. Valencia Vega. La Paz, Bolivia: Juventud.

Valero, P. P. (2015). Apuntes para la historia del racismo moderno en clave caribeña: el debate Gobineau-Firmin y la ciencia como arma. *QUIRON, Vol. 1(2).*

Vascones, A. (junio de 2013). *¿Qué son derechos humanos?* Obtenido de La violencia: http://lindavascones.blogspot.com/2013/05/monografia-avances.html

Vela, P. T. (abril de 2015). Obtenido de https://es.scribd.com/document/376175599/EL-MISTERIO-DE-LOS-SIMBOLOS-ptv

Velarde, J. (1977). *Los imperios andinos* (segunda ed.). La Paz: Juventud.

Wieviorka, M. (1992). En *El espacio del racismo* (I. Arias, Trad.). Barcelona, España: Paidós Ibérica.

Wolf, N. (s.f.). Obtenido de file:///C:/Users/USER/Downloads/16660.%20El%20mito%20de%20la%20belleza%20-%20Wolf.pdf

Zaballa, A. d. (1995). Obtenido de https://core.ac.uk/download/pdf/83563181.pdf

Zaffaroni, E. R. (2003). CRIMINOLOGÍA. Aproximación desde el margen. Buenos Aires: TEMIS.

Zaffaroni, E. R. (2012). La cuestión criminal. Buenos Aires: Planeta.

Zaffaroni, R. (2011). La palabra de los muertos. Buenos Aires, Argentina: Ediar.

Zea, L. (mayo - junio de 1983). Visiòn de Marx sobre Amèrica Latina. *Nueva Sociedad*(66), 59 - 66.